编 委 会

华中科技大学法学教育40周年
暨法学院建院20周年

新文科法学精品文库

社会科学证据的司法证明

王星译　著

法律出版社 LAW PRESS · CHINA
北京

图书在版编目(CIP)数据

社会科学证据的司法证明 / 王星译著. -- 北京 :
法律出版社, 2022
(新文科法学精品文库)
ISBN 978 - 7 - 5197 - 7052 - 5

Ⅰ. ①社… Ⅱ. ①王… Ⅲ. ①刑事诉讼法—研究—中国 Ⅳ. ①D925.204

中国版本图书馆 CIP 数据核字(2022)第 158051 号

社会科学证据的司法证明
SHEHUI KEXUE ZHENGJU DE SIFA ZHENGMING

王星译 著

责任编辑 郑怡萍
装帧设计 汪奇峰

出版发行 法律出版社
编辑统筹 法律教育出版分社
责任校对 王 丰 李景美
责任印制 刘晓伟
经　　销 新华书店

开本 A5
印张 6.375 **字数** 162 千
版本 2022 年 9 月第 1 版
印次 2022 年 9 月第 1 次印刷
印刷 唐山玺诚印务有限公司

地址:北京市丰台区莲花池西里 7 号(100073)
网址:www.lawpress.com.cn
投稿邮箱:info@lawpress.com.cn
举报盗版邮箱:jbwq@lawpress.com.cn
销售电话:010 - 83938349
客服电话:010 - 83938350
咨询电话:010 - 63939796

书号:ISBN 978 - 7 - 5197 - 7052 - 5
定价:36.00 元

凡购买本社图书,如有印装错误,我社负责退换。电话:010 - 83938349

自　　序

未来刑事证明领域可能会面临诸多新形式的证据,社会科学证据只是其一。在处于不断变动的社会现实中,制定法如何在维持稳定性与可预测性的前提下,自适应于"变动中的社会",是值得探索的永恒课题。传统印证证明模式下,"唯证据印证论"导致证明方法匮乏,司法实践中"新形式"证据的使用遭遇合法性与正当性危机,为回应实务部门的证明需求,我国法通过"立法式司法解释"肯认其证据资格的举措反而带来了更为复杂的理论难题。

对于司法实践中广泛适用的所谓"新型"证据种类,理论界研究的起点通常是我国《刑事诉讼法》中的法定证据种类制度。对此,学界大概有两派代表性观点:一派认为,证据种类是封闭性的列举,阻碍了包括社会科学证据在内的其他证据形式的证据资格,应予修法或者直接废除该条。另一派从解释学角度出发,认为我国《刑事诉讼法》对证据种类的列举是举例式的,即制定法上存在包容其他证据形式的可能——当然,2021年修订的最高人民法院《关于适用〈中华人民共和国刑事诉讼法〉的解释》也的确是这么做的,即借助"可以作为证据使用"或者"可以作为定案的根据"等条文实质上拓展《刑事诉讼法》证据种类的外延。对此,证据种类改良或废除说通常会认为:相关司法解释越权"立法",因而不具有合法性。

在本书看来,上述争议在解释学上固然有必要性与重要性,但仍然是初步性的、外在的,并没有真正探究证据与事实的关系以及证据是如何发挥证明作用的。通过体系性解释固然可以逐渐削弱法定证据种类对证明方法的束缚，但归根结底，证据的终极目的在于“证明案件事实”。“如何跨越证据与事实的鸿沟”是司法证明的基础，也是核心。继而，司法证明活动的开展势必通过诉讼程序的场域与平台以及控辩审三方“各司其职”的参与。这也是本书的核心，即在刑事证明的语境和场景中，考察社会科学证据是如何用于司法证明的：既要对司法证明的结构与功能进行微观“解构”，也要从诉讼认识论的视角对事实认定的规范性与道德性进行理论诠释。这两个任务的完成需要借助外部观察者和内部观察者的双重视角——这也是本书所倡导并贯彻的。

与其说本书是一本以“社会科学证据”为主题的专论，倒不如说是一本以研究社会科学证据为契机、考察司法证明理论与具体展开的论文集。本书正文绝大多数章节都是一篇独立的论文，其中有的章节并非针对本体意义上的社会科学证据，反而将其置于诉讼程序的场域、司法证明的运作逻辑之中，考察处于互动与论辩场景中的、具体的证明活动。比如，第三章和第四章是社会科学证据成为可能的理论基础和制度基础，第四章所论“整合模式”则是对专门性问题解决方法的探索等。在一定程度上，社会科学证据如一面棱镜，可以折射出我国刑事证明理论体系与刑事证明实践中的诸多问题。遗憾的是，我国相关立法仍然呈现碎片化、不成体系的特征，立法密度不足。社会科学证据尚未获得理论界的广泛关注和深入研究。概言之，社会科学证据牵连出的问题不只有法定证据制度、司法鉴定管理体制、专家意见展示与质证程序、法院如何审查认定证据（判断证据资格、评估证明价值）等传统的程序争议，还涉及专家意见如何用于司法证明、法院如何从证据中推论并证成事实（事实认定）等微观层面的内在问题。由此可知，通过社会科学证据，可以全方位观察并揭示司法证明的本质与机理。本书尽管以社会科学证据为核心，但实际上仍是围绕一般意义上的刑事证明机制展开的，是故，本书的分析路径可以作为一种理论分析框架，也可以为司法实务部门提供实践参考。

回想起来，这本书从构思到成书再到出版，是一系列“偶然”聚合的结果。大约在2017年秋季学期的时候，我的博士后合作导师中国政法大学王进喜教授在师生研讨中曾提出过“社会科学证据”这个关键词，他前瞻性地指出这个领域亟待深入研究。当然，这个主题也成功地“吸引了我的注意”。王老师曾主持翻译了昂舍塔所著的《科学证据与平等保护》一书，该书探讨了社会科学证据在美国联邦最高法院判例中的采纳及其他争议。从王老师处获赠此书，认真拜读之后，我大概形成了有关社会科学证据的初步构思与写作框架。由于彼时我正在关注科学证据、鉴定意见、专家证言等领域（主要研究法证科学的“科学有效性”以及专家意见的可采性问题），一直没有动笔。

在搁置半年之后，我整理了英文文献的综述，并于2018年年底撰写成稿，但却因为各种原因未能成功发表。之后，我持续关注司法证明问题，就又撰写了几篇主题具有关联性的论文。适逢华中科技大学法学院建院二十周年之际，本书有幸能够入选“院庆文库出版计划”。立项之后，我把近五年来先后撰写的与社会科学证据相关的因“未发表”而“出局”的论文集结起来，姑且当作自我安慰与鼓励吧。

王星译

2022年9月9日于武汉喻家山1037号森林

目　　录

绪　论

一、研究背景

如今，社会风险显著增加，事实认定渐趋复杂，审判不确定性增高。同时，受益于知识发展与技术进步，证明方法与证据类型也呈现多元化与多样性，法庭充斥着各式各样的证明性信息。除了物证鉴定、法医学鉴定、影响鉴定等以自然科学知识、技术为基础的传统法证科学(forensic sciences)领域之外，心理学、社会学、经济学等社会科学知识或利用各自领域的研究方法所得的专门知识，也逐渐进入控方证明乃至法庭裁判的视野。[1]“法庭上的社会科学证据”已经成为一个不争的事实，而且未来可能有越来越多涉及不同领域、以不同知识为背景的、不同种类的社会科学证据进入刑事法庭。这些知识并不以“科学性”为特征，亦不能为“科学性”所界定。这些“社会科学证据”(social scientific evidence)[2]的出现，打破了传统的“科学证据”话语的封闭性，同时也拓展了法庭认知信息来源的多元性。

我国司法实践中，对价格、数额等事实的证明需要，超出了法

---

〔1〕 在这个意义上，属于我国法定鉴定事项的司法精神病学也具有社会科学证据的特征，也可以算作社会科学型专家意见。司法精神病学的特征，参见郑瞻培：《司法精神病学鉴定实践》，知识产权出版社 2017 年版，第 3 ~7 页。

〔2〕 我国有学者将此类证据称为“统计学证据”，但这个概念仍然不能周延地概括社会科学证据的诸多形式。参见易延友：《证据法：原则、规则、案例》，法律出版社 2017 年版，第 285 页。

官司法认知的常识判断范畴，而需要借助专业人士的专门知识。[1] 然而，根据我国2018年《刑事诉讼法》的规定，社会科学型意见证言不具有“定案的资格”，因为其不满足证据的形式要件；该法同时规定解决专门性问题应当用鉴定，但当前我国司法鉴定案例体制下，鉴定事项范围、鉴定资格认证等属于司法行政机构的事权范围。在司法实践层面，传统的三大类鉴定[2]显然无法满足实践需要，火灾“鉴定”、价格“鉴定”、会计“鉴定”、文物等物品真伪“鉴定”及其他形式各异的“鉴定意见”开始出现在法庭上。[3] 然而，此类“鉴定”并不属于核准登记的鉴定种类，亦不属于我国《刑事诉讼法》中规定的证据种类，导致这些“鉴定意见”无从安放，但又为事实认定所需要，便以绕开制定法的“暧昧方式”出现在法庭上。从“鉴定”类证据的实践乱象中亦可窥见司法实践“无法可依”甚至突破制定法的窘境。除前述几类“另类鉴定意见”之外，还有一些用以证明人身危险性、再犯可能性等人格调查类证据，反映犯罪嫌疑人、被告人主观心态的症状类证据，以及反映被害人、证人作证特征的情态证据等，已经出现在我国制定法和司法实践中，但尚未经受证据法学检视。

---

〔1〕 参见苏青：《鉴定意见概念之比较与界定》，载《法律科学（西北政法大学学报）》2016年第1期。作者指出，“诉讼活动中大量专业性问题的涌现使得司法实践已限于理论和立法，借助各种专业性机构或专业人士来解决诉讼中遇到的专业性问题”。

〔2〕 根据2005年《全国人民代表大会常务委员会关于司法鉴定管理问题的决定》第2条之规定，我国传统三大类鉴定是法医类鉴定、物证类鉴定、声像资料鉴定。

〔3〕 2005年，全国人民代表大会常务委员会制定《关于司法鉴定管理问题的决定》，确立我国建立统一的司法鉴定管理制度。2017年，中央全面深化改革领导小组（现为中央全面深化改革委员会）第37次会议审议通过《关于健全统一司法鉴定管理体制的实施意见》，给统一管理体制提出新任务、新要求。参见霍宪丹：《让科技为正义说话——从建立到健全统一司法鉴定管理体制的改革探索与若干思考》，载《中国司法鉴定》2020年第5期。

以各式“鉴定意见”为代表的“新型”证据种类引发的主要理论争议问题是我国《刑事诉讼法》上的法定证据种类制度之完善甚至存废。其一,有关法定证据制度的存废论之争。学界多认为,我国《刑事诉讼法》中的穷尽式列举不仅成为证据法学理论研究的桎梏,在司法实践中也限制了其他种类证据的适用。持激进态度的学者甚至认为:“按照证据种类区分逻辑……从制度变革的整体走向来看,取消证据种类制度专门规定,具体证据运用规则的证据种类称谓仍然以传统区分标准为主,同时辅以其他区分标准,也许更为合宜。”〔1〕尽管学界对此仍未有定论,但法定证据种类制度的确带来理论与实践层面的双重困境。其二,鉴定管理体制与证据手段/证明方法的边界之划定。我国法中,鉴定意见这种证据形式把专门问题的解决方法与司法鉴定管理体制捆绑在一起,并将证据方法与证据种类混同。〔2〕 就鉴定事项之外的专门性问题如何解决的实践问题,《刑事诉讼法》本身并没有给出“合法的”解决路径。立法密度不足所导致的后果之一就是:对于鉴定事项之外需要借助专门知识解决的专门性问题,司法实务部门对证据的审查认定可能存在法律适用不统一的现象,而最高人民法院、最高人民检察院通过制定司法解释的方式来“拓展”法定证据种类外延的方式则可能导致权力滥用。

2021 年 1 月,最高人民法院公布了第 147 号指导性案例“张某明、毛某明、张某故意毁损名胜古迹案”。本案裁判要点之一

---

〔1〕 周洪波:《诉讼证据种类的区分逻辑》,载《中国法学》2010 年第 6 期。

〔2〕 我国 2018 年修正的《刑事诉讼法》规定了证据的形式要件,表现为法定证据种类之列举。2018 年《刑事诉讼法》第 50 条第 2 款规定:“证据包括:(一)物证;(二)书证;(三)证人证言;(四)被害人陈述;(五)犯罪嫌疑人、被告人供述和辩解;(六)鉴定意见;(七)勘验、检查、辨认、侦查实验等笔录;(八)视听资料、电子数据。”其中,鉴定意见通过鉴定产生。该法第 146 条规定:“为了查明案件,需要解决案件中某些专门性问题的时候,应当指派、聘请有专门知识的人进行鉴定。”

是:针对需要解决的专门性问题,没有鉴定机构的,有专门知识的人出具的报告可以作为证据使用。本案裁判时适用的是2013年最高人民法院《关于适用〈中华人民共和国刑事诉讼法〉的解释》(以下简称2013年《刑诉解释》),故"江西省高级人民法院刑事裁定书(2020)赣刑终44号"裁定认为:"本案中的'专家意见'从主体到程序均符合法定要求,从证据角度而言,'专家意见'完全符合刑事诉讼法第197条的规定,以及2013年《刑诉解释》第87条关于有专门知识的人出具检验报告的规定,可以作为定罪量刑的参考。"该案无疑对2021年最高人民法院《关于适用〈中华人民共和国刑事诉讼法〉的解释》(以下简称2021年《刑诉解释》)的出台起到重大的推动作用。

2021年《刑诉解释》新增修了第100条、第101条,对2013年《刑诉解释》乃至2018年《刑事诉讼法》作出重大"修改"。一是用"报告"这一中立概念取代2013年《刑诉解释》中的"检验报告",并增加了"专门机关的事故调查报告"这类证据形式;二是承认报告与调查报告可以作为证据使用,经查证属实可以作为定案的根据。[1] 本次修法回应了司法实践中传统鉴定意见之外的各类"鉴定意见"的证据资格问题,在一定程度上缓解了司法实务中的"证明方法匮乏"的困境。

从法体系上整体考察,司法解释的修改仅针对性地解决了实务难题,但并未对专门性问题的解决提供一条清晰的规范路径。鉴定意见与报告类证据并立的分散模式不利于我国证据法理论的

---

〔1〕 2021年《刑诉解释》第100条规定:"因无鉴定机构,或者根据法律、司法解释的规定,指派、聘请有专门知识的人就案件的专门性问题出具的报告,可以作为证据使用。对前款规定的报告的审查与认定,参照适用本节的有关规定。经人民法院通知,出具报告的人拒不出庭作证的,有关报告不得作为定案的根据。"第101条规定:"有关部门对事故进行调查形成的报告,在刑事诉讼中可以作为证据使用;报告中涉及专门性问题的意见,经法庭查证属实,且调查程序符合法律、有关规定的,可以作为定案的根据。"

发展,也无法有预测性地解决未来可能遭遇的其他实践问题。我国法"专门性问题之解决"的分散化路径在制定法之外遵循了实用主义路径,"对策式司法解释"存在合法性与正当性危机,导致并加剧了制定法与司法实践对证据的"供需矛盾"。在"实践先行"甚至"实践突破现行法"的现状下,学术研究则相对滞后,没有在现行法框架内解决实践做法的合法性,亦没有为实践困境提供妥适的解决路径。学术界热衷的立法论并不能一劳永逸地解决实践中不断遇到的新问题,有必要将其置于刑事证明的语境中体系性地考察。

社会科学证据作为兼具学术与实践意义的概念,对其研究不能脱离我国现行法框架;反过来,我国现行法框架亦不应当成为理论研究的桎梏与障碍。我国证据法学术研究对基础问题尚缺少理论共识,理论体系尚未完善建立,以至于面对实践中的具体问题时,只能采取视域狭窄、思维僵化的"应对式研究",缺少理论抽象能力和体系解释思维,无法全局地、体系地探讨更深层次的抽象问题。

需要指出的是,就社会科学与刑事司法的结合而言,早已有学者涉猎。概言之,学者已有研究涵盖两个领域:社会科学方法在法学研究中的作用,社会科学判断对司法裁判的作用。前者即方法论意义上的社科法学,强调用不同领域的社会科学知识来描述法律;[1]后者即后果主义的裁判思维,社会科学作为外部知识来辅助法官说理论证,大致属于法官自由心证的范畴。[2] 然而,这两

〔1〕 参见陈瑞华:《法学研究的社会科学转型》,载《中国社会科学评价》2015 年第 2 期;陈柏峰:《社科法学及其功用》,载《法商研究》2014 年第 5 期;侯猛:《社科法学的传统与挑战》,载《法商研究》2014 年第 5 期等。

〔2〕 参见侯猛:《司法中的社会科学判断》,载《中国法学》2015 年第 6 期;张剑源:《发现看不见的事实:社会科学知识在司法实践中的运用》,载《法学家》2020 年第 4 期;王云清:《司法裁判中的社会科学:渊源、功能与定位》,载《法制与社会发展》2016 年第 6 期等。

个维度均不是司法证明的范畴,本书以刑事庭审为场域,从刑事证明的视角聚焦社会科学证据,即以社会科学方法或知识为基础的(应然意义上的)证据。

二、研究视角

(一)立足本国立法与实践

我国法学研究,包括刑事诉讼法学与证据法学研究,有一个怪象:偏好引入新概念来提出并证立命题。这进一步导致我国相关学术研究总要始于概念界定、相关概念辨析,甚至容易陷入概念的迷雾,以此概念为基础所建构的理论或所倡导的学说,其理论适应性、说服力存疑。概念内涵与外延的界定固然重要,但浮于表面的概念之争容易掩盖概念背后的根本性问题,容易给人造成一种错觉:似乎新概念、新理论越多,我国刑事司法体系就越完善。

与当前理论界所推崇并广泛采用的比较法研究路径不同,本书坚持一种“本土导向”,即立足于我国本土刑事证据制度与实践,兼顾我国刑事证明理论体系之构筑。诚然,这种本土视角并非对我国现行制度与实践的“盲目固守”,反而是一种“自省式”的反思与更新。即便是域外比较法智识,其积极意义在于作为镜鉴,而非“参照”,更非“模范”。

1. 回应司法证明的实践诉求

通常,司法实践中所论之“证明困难”,至少有如下三个层面:第一,证明方法之匮乏:立法与司法实践仅着眼于“证据”这一法定证明方法,且受法定证据种类的限制。第二,立法规避了事实认定的道德性与规范性,客观真实论促使司法实践偏好追求证明标准的客观化和可操作性。第三,印证证明方法存在内在矛盾:一方面,其以表面上的印证关系“取代”证明标准,是对事实认定的简化;另一方面,其对“证据印证”的形式与数量要求反而给司法实践带来证明困境。以上三个层面的因素共同作用,导致对构成要件事实证明乃至全案事实认定时遭遇"困境"。再进一步论之,这些困境首先且主要是证据的充分性问题。证据是否确实,简单来说,是命题的真假判断问题;但是证据的充分性,则是一个程度问题——具有模糊性、不确定性,概率性,反映出司法证明的或然性与事实认定的规范性。但是,证据的充分性很难划定一个统一的、具有可操作性的、标准化公式。

在司法实践中,公安司法机关可能会遭遇各种类型的专门性问题,需要借助具有专门知识的人提供意见来辅助判断。司法鉴定是我国《刑事诉讼法》明确规定的解决专门性问题的法定方法。然而,司法鉴定并不能涵盖司法证明所需的专门性问题的范围。在鉴定登记事项之外,也可能存在一些专门性问题,如价格评估、交通事故责任。这些问题的解决可能直接影响某个构成要件事实的认定,也可能影响特定罪名的情节轻重。此外,为实现量刑公正,可能需要对被告人进行人格调查或者危险性/再犯可能性评估等。对专门知识的需要恰恰反映了现代刑事司法体系对证明理性的推崇以及对司法恣意的摒弃。证明方法的匮乏可能会埋下权力滥用的隐患。

社会科学证据的引入有助于解决司法实践中的证明困难。社会科学证据并不能算作新的证据种类,而应归为一种证据种类或者具有共同特征的证据群。社会科学证据在司法证明中的作用是必要的,其并不以是否满足某个特定形式或种类而起到证明作用,而是基于其所承载的证据性主张,借助社会科学知识推导出某个与案件相关的事实。社会科学证据的引入,可促使我们反思对定案有关的事实的范围、司法证明方法的外延这些具体问题,也促使我们反思我国证明方法匮乏的体制性根源,即造成司法困难的根本原因何在。在此基础上,探索突破困境的可行路径。

2. 建构我国刑事证明理论体系

面对上述"证明困难"这个实践现象,学术界理论研究无法为司法实践中证明困境的解决提供理论路径。当前我国学界对司法证明内在构造缺少清晰的认识,对司法证明的基础理论研究不够深入,这在很大程度上阻碍了我国证据法理论体系的建构。[1] 理论知识供给不足带给刑事司法实践领域的辐射力同样值得关注:在制定法的效力范围之内,实务部门遭遇证明方法匮乏等证明困境时无所适从。更甚者,由于当前我国《刑事诉讼法》立法规范密度不足,在缺少明确指引与约束的情况下,司法实务部门可能陷入权力滥用甚至恣意裁判的正当性危机之中。

当前我国学术界对司法证明的研究主要涵盖证明标准及其层次化、证明模式论争、西方证据推理与证据分析、算法技术在司法证明中的运用等。然而,遗憾的是,这些主题要么因为出现方向偏误而混淆了理论争点,要么在司法证明的外围展开,尚未触及司法证明活动乃至事实认定过程的本质。我国刑事司法证明实践与理论更加趋近于技术化而非精细化。司法证明自不应遵从于技术与技术背后的逻辑。司法证明的目的是真实发现,技术充其量只是用于辅助证明的外部手段而已,其本身并不属于司法证明的范畴。

为此,有必要回归到事实认定这个基础性问题上,探究司法证明的构造与机理,逐渐推动学术研究从"证据本位"到"证明本位"的范式转型。[2] 此举一方面,可以促进证据法学自身的学术繁荣,拓展证据法学理论研究的宽度和深度;另一方面,可以积极回应我国刑事司法证明实践中遭遇的困境或难题,进而为我国立法、修法、刑事政策与司法解释制定提供决策参考。

---

〔1〕 参见王超:《中国刑事证明理论体系的回顾与反思》,载《政法论坛》2019 年第 3 期;吴洪淇:《证据法体系化的法理阐释》,载《法学研究》2019 年第 5 期。

〔2〕 威格摩尔很早便提出,证据规则不只是可采性规则,还应当包括司法证明规则。参见[英]威廉·特文宁:《证据理论:边沁与威格摩尔》,吴洪淇、杜国栋译,中国人民大学出版社 2015 年版,第 180 ~ 181 页。

（二）一种证明本位的研究视角

我国当前证据法学研究奉行“证据本位论”——这既是对我国当前证据法学研究现状的一种实然描述，也反映出相当时间内我国证据法学术研究的一种偏好。我国证据本位论的形成与发展以及巩固，根植于我国2010年以来的刑事诉讼制度改革。尤其是2010年最高人民法院、最高人民检察院、公安部、国家安全部和司法部联合发布的《关于办理死刑案件审查判断证据若干问题的规定》和《关于办理刑事案件排除非法证据若干问题的规定》对证据裁判原则的肯认以及对非法证据排除规则的初次规定，奠定了此后我国刑事诉讼法以及刑事证据法改革的基调。在平反冤错案件的大背景之下，证据成为一个亮点式的关键词，与证据相关的原则与规则受到决策机关、学术界乃至社会的广泛关注。

学术研究却一味追逐立法热点或者迎合实践动向，学术资源主要集中在非法证据排除规则、缺席审判、认罪认罚从宽制度以及企业刑事合规不起诉等主题上。对证据裁判原则的概括式接受、对非法证据排除规则的热衷，在很大程度上掩盖了司法证明的关键与核心，即如何认定事实以及如何证成事实。证据裁判规则明确了认定事实要以证据为依据，但是却并未回答如何用证据建立事实之间的关联。非法证据排除规则作为一个非认识论程序规则（并不是严格意义上的证据规则），否认了非法证据的证据能力或证据资格，仍然无法回答某个非法证据被排除之后，对事实认定者而言意味着什么。需要追问的是：“非法证据排除了，然后呢？”

立法论研究无法充实我国刑事证明理论，亦不能及时回应司法实务部门在个案中的证明需要，反而进一步造成立法与司法、理论与实践之间的双重割裂。诚然，在前述主题之外，学者中也有关注证明标准如何实践者，但多将其与印证证明模式相勾连。对证据标准与证明标准层次化的理论研究，模糊甚至掩盖了证明标准的根本,进一步形成了理论迷雾。以至于,此类研究沦为对司法实践推行技术化证明的“学术背书”,不仅缺少对司法政策与实践举措的理论性反思,更甚者,对功利主义与实用主义的盲目推崇可能让刑事程序陷入工具主义甚至虚无主义。

缺少制定法规范,缺少理论供给,司法实务部门面临证明困境时便陷入一种两难境地:一方面,当前刑事司法体系对法官常识与理性等自由心证颇有限制,体制性因素尤为如此,法官实际上并不自由;另一方面,法官在面对证明困难的具体场景时,又不得不作出裁判,于是便采取了粗放处理、模糊解释的“安全之道”。于是,司法实践在探索突破证明困境的路径时,在理论误区中陷入循环。

倡导证明本位论,并不意味着证据及其相关命题不重要;反而,证明本位论以“证据”为基础,但其并不仅仅停留在本体意义上的证据概念与属性、种类与分类、可采性规则或证明力规则等范畴内,而是继续追问“具备证据资格之后,证据如何用于司法证明”这个基础性问题。

司法证明活动从本质上是以证明为本位的,而证明属于认识活动范畴,属于认知思维与推理论证层面,且是互动式/交互性(认识主体与认识对象以及认识能力)、主体间性(事实认定者之间,如陪审团一致裁决模式、合议庭绝对多数模式等)、动态的(是命题与事实之间的关系,持不同立场/负担不同职责的多方主体相互之间的关系)。司法证明活动是围绕证据展开的,但证据并不是证明的全部,也不是证明的唯一方法或手段。第一,证据本身并不是事实,证据与事实之间存在鸿沟,如何跨越证据与事实之间的鸿沟,是司法证明的核心命题之一。这首先涉及相关性这一证据的属性;其次则是如何借由程序或者在程序的场域中揭示相关性,并对其展开论辩。第二,证据只是用于证明案件事实的一种方法,或者说一种“法定方法”或者“规范上的方法”。证据裁判原则旨在约束公权力、控方指控与法官裁判,防止恣意裁判侵犯公民基本权——这是非认识论意义上的功能诠释。在司法证明领域，除了"证据"本身可能包容多种不同形式或以不同载体呈现之外，司法证明的方法亦是多元的。因而，需要进行理论阐释的是，证据这一法定方法的形式或载体、证据之外的证明方法，以及如何拓展我国《刑事诉讼法》证明方法的外延，建构具有包容性的证明方法体系。对这些问题的解答，需要重新回归到如何实现从证据到事实这个司法证明的基础问题上。

为此，就社会科学证据而言，本书并不局限于其所牵涉的法定证据种类、司法鉴定管理体制等学界长期关注的普遍议题，亦不受制于静态意义上的证据采纳与否的话语体系。反而，本书倡导以一种动态的、内在的视角，将其置于程序的场域之中，通过平等主体之间平等沟通、理性论辩的动态司法证明机制，考察"包含证明信息的证据是如何证明并证成事实"的这个本质问题。进而，在司法证明的逻辑语境中，借由主体间互动与论证活动，证据规则、证明规则与程序机制得以"有机地"联系起来。

三、主要研究方法〔1〕

我国已有论者关注到美国司法实践中社会科学证据广泛适用的现象，并对我国司法实践开展初步的比较法研究。我国学者围绕社会科学证据的比较法研究，基本"套用"了美国法分析思路。以美国法理论与实践为框架，已有研究提出围绕社会科学证据亟待研究的课题，提出研究问题的初步路径，〔2〕但仍存在如下问题：

〔1〕 该小节部分内容曾发表在《刑事法评论》（第42卷）上，该文被人大复印资料《诉讼法学·司法制度》转载。

〔2〕 如社会研究报告的证据属性、社会研究报告属于哪种证据形式、社会研究报告中的公证等基础问题以及社会研究报告的审查判断等适用问题的探讨，参见梁坤：《社会科学证据研究》，群众出版社2014年版，第219～220页。

其一,将我国实践问题局限于社会调查报告,[1]对症结把握有失准确;其二,缺少对基础性问题的深入理论探究,且未能发展出完善的理论体系;[2]其三,以美国法为参照,脱离本土语境,缺少对我国立法与司法实践的关怀,既无法引发司法实务的共鸣,亦未唤起我国学术界的广泛关注。概言之,美国证据法理论与实践固然可以为我国法提供镜鉴,但其制度基础与我国迥异,并不能作为"本土知识"径直接受。遗憾的是,这种比较法研究对于问题的解决仍然需要诉诸立法或修法,鲜少关注法秩序的稳定性和法体系的自洽性。

对于社会科学证据这一"新事物",学术界通常诉诸比较法制度与理论,在制度完善上终会回归立法、修法的传统路径。这是我国刑事诉讼法研究的"主流范式",却值得反思。诚然,长期以来,以立法为中心的对策法学、价值法学等占据主流,而比较法研究疑有沦为"移植论"的趋势,这种学术繁荣的表象实际上却掩盖了研究方法缺少自觉的本质。即便是在2014~2015年社科法学与法教义学的论争中,[3]刑事诉讼法学者依然鲜有发声。可以认为,我国刑事诉讼领域缺乏某种理论共识。[4] 一方面,当前学术研究

---

[1] 参见梁坤:《社会科学证据研究》,群众出版社2014年版,第20~21页。

[2] 参见梁坤:《社会科学证据研究》,群众出版社2014年版;梁坤:《社会科学证据在美国的发展及其启示》,载《环球法律评论》2012年第1期;梁坤:《争议中运用的社会科学证据——评〈科学证据与法律的平等保护〉》,载《证据科学》2017年第1期;汪祖兴、宋汉林:《民事社会科学证据的中国图景》,载《现代法学》2014年第2期等。

[3] 参见孙光宁、焦宝乾:《法治中国背景下的法律方法论研究——2014年中国法律方法论研究学术报告》,载《山东大学学报(哲学社会科学版)》2015年第3期。

[4] 我国民事诉讼法学者认为,当前我国民事诉讼呈现"贫困化"现象并"缺乏理论共识"。实际上,我国《刑事诉讼法》同样面临该困境。参见张卫平:《对民事诉讼法学贫困化的思索》,载《清华法学》2014年第2期;任重:《论中国民事诉讼的理论共识》,载《当代法学》2016年第3期等。

“过分”关注刑事司法改革动向及修法热点；另一方面，司法实务的具体需求得不到理论界的回应。这种“背离式刑事司法研究”既无益于我国刑事司法体系的自洽建构，也无益于刑事司法所谓之公正、正义目标的实现。

（一）对“对策型社科法学”的反思

1. 以立法为中心的对策法学呈现虚假繁荣

在刑事诉讼法领域，学术研究与司法实践之间的距离一直存在，且有拉大的趋势。“2001至2011年的论文引证文献分析结果反映出，中国法学研究正朝科学和多元化方向发展，但仍然存在重个人专著、轻司法案例，对中国司法问题关注不足的现实。”[1]在刑事诉讼法领域，大致呈形似样态，但在微观上又有不同：“刑事诉讼法学研究仍然以对策法学研究方法为主导”，并夹杂了价值论与比较法的内容，总体上仍以“立法主义”为主要特征。[2]

当前，我国刑事诉讼法研究的主流方法即对策法学。所谓对策法学，指以立法建言献策为主要目的的学术研究，对策法学研究者也往往对立法、修法趋之若鹜。对策研究紧跟立法的步伐，一方面，其研究旨在推动所谓修法、立法；另一方面，修法、立法一旦提上日程，便会促使新一轮的对策研究。这种受立法驱动的学术研究大致有两种形态：一种是针对立法修改的研究；另一种则是非由立法修改引起但以未来修法为指向的研究。这种追逐“立法热点”的研究模式所呈现的表面繁荣无疑有其致命缺陷，即仅止于立法建议，缺乏充分、有效的理论论证。[3]

---

〔1〕 熊谋林：《三十年中国法学研究方法回顾——基于中外顶级法学期刊引证文献的统计比较（2001—2011）》，载《政法论坛》2014年第3期。

〔2〕 参见《中外法学》编辑部：《中国刑事诉讼法学发展评价（2012—2013）：基于期刊论文的分析》，载《中外法学》2015年第6期。

〔3〕 参见《中外法学》编辑部：《中国刑事诉讼法学发展评价（2012—2013）：基于期刊论文的分析》，载《中外法学》2015年第6期。

对策法学虚假繁荣的背后,有其功利性原因:首先,研究"模式"相对固定。对策研究落脚点在于提出对策,大致遵循"提出问题(修法、立法的现实必要)—分析问题(介绍外国法相关制度)—解决问题(参照外国法提出立法建议)"的研究思路,并止步于提出立法建议。其次,为修法、立法提出建议,往往是"一家之言",学者比较容易从各自立场提出见解,学术输出相对较为"轻松"。最后,提出修法、立法建议存在一个众所周知的"捷径",即介绍外国法中的相似或相同制度,通过粗浅的介绍与比较,参照外国法从而提出比较法意义上的见解。这种单一的、线性的研究思路的"逻辑"似乎是:外国法本身便为我国法修法提供理所当然的正当性,无须进行理论层面、实践层面的分析论证。这种"逻辑"显然是站不住脚的。尽管存在超越法域的规范意义上的法,但是归根结底,对于一国而言,现行有效法律具有显见的"地域性",这种"地域性"直接指向现行法规范在本国是否能够得到有效施行。此外,更重要的是,还应当注重一国整个法律体系内在一致性之维系,而非仅仅通过修法"缝缝补补"即可达成——这往往被对策研究所忽略。

2. 比较法研究仍停留在粗浅译介层面

比较法研究表面上似乎成为刑事诉讼法领域的主流研究方法,实则不然。一如学者所言,我国刑事诉讼法比较研究"言必提英美、欧陆,研究任何一个问题首先关注国外的情况,而对相关中国问题的根源、症结与场境缺乏深入的观察与剖析"。[1] 这种"脱离本土语境"的比较法研究疑沦为"引进法学""移植法学"。[2] 的确,刑事诉讼法的比较法研究停留在对域外制度的简

〔1〕 陈卫东:《从刑诉法修改看刑诉法学研究方法的转型》,载《法学研究》2012年第5期。

〔2〕 参见陈瑞华:《刑事诉讼法学研究范式的反思》,载《政法论坛(中国政法大学学报)》2005年第3期。

单介绍、域外制度与本国制度的粗略对比上,缺乏对制度、文化、传统等的深层思考。经初步比较之后得出我国法如何修改的立法建议,则仅止步于宣示性论断,缺乏进一步充分、有效的说理、论证。刑事诉讼法学界应对此进行整体性反思。比较法研究作为一种客观的、价值中立的研究方法,本身并无可归咎之处;反而,刑事诉讼法学者对比较法研究方法的理解与运用出现偏差才是根结之所在。

当前,刑事诉讼法学者需要重新审视比较法研究方法。首先,对外国法的外部观察,一定要建立在对其内涵的准确解读上,不可一知半解甚至任意曲解。其次,至于具体的“比较”而言,不能仅仅停留在制度层面的“对照”,而应当深入剖析外国制度在其本土的历史、文化、社会等多方面的根源,还要知晓其在社会实践中的样态。再次,在考虑是否借鉴外国法以及如何借鉴时,应当先明确的态度是,无论观点如何、立场如何,均应当辅之以充分、有效的说理、论证,否则,任何论断式的制度选择都不具有说服力。最后,还要妥当处理我国法借鉴吸收外国制度时的“水土不服”问题,如在哪些方面可能存在阻碍以及如何消除阻碍等。

(二)以法教义学为基础研究范式

法教义学以司法为中心,[1]其起点与重点均落足于制定法及其适用,这与《刑事诉讼法》的实践性相契合。立法机关制定并颁布法律之后,条文便成为法律论证的大前提,这也是法学研究的起点。然而,“书本上的法”如欲在实践中适用,则需要诉诸法律解释方法。《刑事诉讼法》制定与修改之后,如何体系化地解释规则,使其有效适用于司法实践,既是学术研究的第一要义,也是司法实务的第一要义。其一,学术界应当修正以往以立法为优位的

〔1〕 法教义学的中心地位恰与卢曼系统论所言司法中心主义相契合,参见陆宇峰:《“自创生”系统论法学:一种理解现代法律的新思路》,载《政法论坛(中国政法大学学报)》2014 年第 4 期。

态度，聚焦至规则及其适用上，以法律人的视角，为法律的体系性、建构性解释贡献智识输出。其二，作为直接适用法律的主体，司法裁判者更应当以谨守规则为第一要义，通过把法律规则适用于个案事实，并对裁判结果予以说理论证的方式推动法教义学的发展。〔1〕

比起立法对策研究或价值选择研究、社科法学或比较法研究方法，法教义学更接近司法实践性。法教义学体系则以本国司法为面向，以法律人为受众，把理论界与学术界联系起来，共同关注规则的体系性解释及其在个案中的适用等法的内在运作问题。诚如学者所言，"法教义学是从本国的真实的司法案例出发，寻求本国实定法秩序的内在体系，从而逐渐发展出一套以本国实定法为教义的、相对系统的法学体系"。〔2〕

法教义学对形式法治与法安定性的追求有助于公平、正义等刑事诉讼价值的实现。如前所述，法教义学的本质在于体系化地将个案归类于基本规则与原则之中，这种归类是以现行法为基础或是在解释现行法的过程中完成的——这种体系化的工作是世界上所有现代文明社会法律体系的共同特征。借助该工作，法律体系的运作才有可能实现"同样情况同等对待，不同情况区别对待，相似情况修正性地对待"——通过个案裁判所实现的"平等"甚至可以被认为是公平、正义原则的底线要求。"从这个角度来看，无论在哪国法律中，法教义学是理性对待人类正义的最适用的表达方式。"〔3〕进言之，即便是对外部知识保持开放性的法律系统，也必须借助教义学框架内的概念与命题，比较分析个案与先例之间

〔1〕 参见许德风：《法教义学的应用》，载《中外法学》2013 年第 5 期。

〔2〕 凌斌：《什么是法教义学：一个法哲学追问》，载《中外法学》2015 年第 1 期。

〔3〕 [德]罗尔夫·施蒂尔纳：《民事诉讼法中的法教义学思维的特色》，霍旭阳译，载《复旦大学法律评论》第 2 辑，法律出版社 2015 年版，第 219 ~ 220 页。

的异同,论证本案裁判的依据和理由。〔1〕

法教义学虽然在结构上是封闭的,但其在认知上是开放的。〔2〕从欧陆法教义学的历史来看,法教义学的发展过程并非静止不变的。“从概念性的法教义学到分析性的法教义学,再到一个动态的、致力于解决开放社会结构状态下的利益冲突问题的法教义学。”〔3〕至今,社会学、心理学、经济学等学科从多角度“侵入”法律系统的宏观背景下,法教义学在欧陆实务界与理论界仍然方兴未艾,从未被英美法律实证主义的洪流所淹没。另外,从内部结构观之,法教义学也并非静态现象,“其思维模式更多的是在同等程度上吸收了确认性及创新性元素,它既将个案整理于规则之下的确认性归类成为可能,同样也为发展经过修正的新法律规则以及批评法官和立法者的过错创造了条件”。〔4〕

第一,法教义学并非对规则的固守。正如前引拉德布鲁赫所言,法教义学的三个工作是:解释、建构、体系化。这三个工作均是主体指涉性的,而主体本就是具有创造性的。就法律自身而言,其作为一个自创生的系统,〔5〕也并非静止的,这种动态化体现在个案裁判的过程之中。即便是法律史上没经过欧陆法教义学浸淫的

〔1〕参见泮伟江:《中国本土化法教义学理论发展的反思与展望》,载《法商研究》2018 年第 6 期。

〔2〕作为系统的法律本身是以“规范上封闭、认知上开放”的方式运作,参见[德]尼可拉斯·鲁曼:《社会中的法》,李君韬译,台北,五南图书出版股份有限公司 2009 年版,第 95 页;另见杜健荣:《自创生视域中的法律与社会——卢曼法律自创生理论研究》,载《中山大学法律评论》第 9 卷第 2 辑,法律出版社 2011 年版等。

〔3〕王国龙:《法教义学中法律解释性命题的可接受性证立》,载《北方法学》2012 年第 3 期。

〔4〕[德]罗尔夫·施蒂尔纳:《民事诉讼法中的法教义学思维的特色》,霍旭阳译,载《复旦大学法律评论》第 2 辑,法律出版社 2015 年版,第 220 页。

〔5〕有关“‘自创生’系统论法学”的阐述,参见陆宇峰:《“自创生”系统论法学:一种理解现代法律的新思路》,载《政法论坛(中国政法大学学报)》2014 年第 4 期。

英美法国家，法官也需要解释制定法甚至会在释法时刻设“规则”。此外，普通法所谓遵循先例的原则也与法教义学的“体系化”暗暗契合。遵循先例的目的便在于维持普通法的体系化，而事实上，法院系统对先例的遵循的确起到了维持普通法体系一致性的效果。纵然是最坚定的文本主义者，美国联邦最高法院大法官斯卡利亚也认为坚守文本并不是僵化文本，而在于强调对文本及其原意的尊重，并承认其在个案裁判中的优先性。[1]

第二，法教义学并不排斥社会科学领域的方法。法教义学研究对其他描述方法持开放、包容态度，并不排斥经济学、社会学、心理学等社会科学描述方法，亦不排斥经验研究。诚然，社科法学对法律之社会面向的关注，对当前我国刑事诉讼法研究而言具有相当重要的积极意义。法律如何得以适用以及法律适用的效果如何应当是两个问题，并且是互不排斥的问题，但存在主次、先后之别。前者是法教义学的核心要义，而对后者的评估则需要社科法学的工具与方法。前者是首要的、主要的，后者是第二顺位的、非中心的。这取决于法律的本质属性——实践性。法律首先应当是自我指涉，其次才是面向外部。这与法教义学对规则本身的重视互相契合。

第三，法教义学在一定程度上容许价值判断。毋庸置疑，法律本身并不是价值中立的，法学研究也不是完全价值无涉的。法教义学以司法为中心，在相当程度上也表明了其内嵌价值判断。[2]“因为司法过程的每一个环节，都可能涉及从普遍规则到具体情形的适用问题，都存在价值判断的解释空间。”[3]但是，法教义学

---

〔1〕 参见［美］安东宁·斯卡利亚：《联邦法院如何解释法律》，蒋惠岭、黄斌译，中国法制出版社2017年版，第31～33页。

〔2〕 参见徐德风：《论法教义学与价值判断：以民法方法为重点》，载《中外法学》2008年第2期。

〔3〕 凌斌：《什么是法教义学：一个法哲学追问》，载《中外法学》2015年第1期。

同时也能够解构掉价值判断可能带来的风险。其一,法教义学有将价值判断问题转化为法解释技术问题的功能,并将价值判断规范化。[1] 其二,法教义学的规则指向性有助于减轻裁判者价值衡量的负担,使其先聚焦于法律规则以及规则蕴含的原理性、原则性价值。法教义学体系的自洽性、稳定性与可预见性都可以为价值判断提供正当性来源。“在这个意义上,法律、法教义学就是价值判断的‘口诀’(当然,仍然是依法而非依价值判断作出裁判)。”[2] 其三,价值判断并不是任意的,而是应受限制的,如学者所概括的:首先,价值判断要受到法教义学体系的拘束,即价值判断本身需要受到形式规则的约束;其次,法教义学体系的融贯性以及法律论证的融贯性能够从客观上制约价值判断的形式、方式,从而促进司法判决的确定性;最后,价值判断还应遵守最小损害原则,即司法裁判中基于价值判断所为的利益衡量必须使对法教义学体系的损害控制在一种最小的幅度之内。[3] 如此,价值判断受制于法教义学的约束,法教义学又通过一定程度的价值判断“实现自我修正和自我发展”。[4]

综上所述,对刑事诉讼法开展教义学研究可以有效促进我国学术界与实务界达成共识,从而助力于建成统一的刑事法律体系。法教义学的要义之一是“法治原则”,即追求法安定性、法和平性与法秩序等价值和目标。当学术界与实务界目力均置于法条或规则及其适用之上时,便存在达成共识或沟通互动的可能,毕竟如何

---

〔1〕 参见劳东燕:《刑事政策与刑法解释中的价值判断——兼论解释论上的“以刑制罪”现象》,载《政法论坛(中国政法大学学报)》2012 年第 4 期。

〔2〕 徐德风:《法教义学的应用》,载《中外法学》2013 年第 5 期。

〔3〕 参见孙海波:《在“规范拘束”与“个案正义”之间——论法教义学视野下的价值判断》,载《法学论坛》2014 年第 1 期。

〔4〕 [德]乌尔弗里德·诺依曼:《法律教义学在德国法文化中的意义》,郑永流译,载郑永流主编:《法哲学与法社会学论丛》,北京大学出版社 2002 年版,第 15 页。

促进本国法律体系的内在统一才是终极现实目标。法教义学恰为这种目标的实现提供了一种可行的路径。

四、本书结构与主要内容

本书属对社会科学证据这一证据类型的研究,是在司法证明与事实认定的宏大框架之下进行的“立体式研究”,而非拘泥于对证据规则的“扁平化研究”。与借我国传统印证证明模式的外部视角不同,本书对社会科学证据的研究采取的是司法证明的内部视角,即将社会科学证据置于刑事程序之中,从司法证明的构造与机理的层面,考察社会科学证据如何用于司法证明活动。在肯认其证明价值的同时,兼顾其本身存在的可靠性风险,并探索矫正证明力偏见的多元机制,如平等对抗的程序机制、专家辅助人实质参与的质证机制、专业领域的伦理约束机制等。

全书正文共八章(不含绪论与结论两章),写作结构与各章节主要内容如下:

第一章所探讨的是与社会科学证据相关的几个基础问题,旨在澄清概念淆乱,并对已有研究成果对美国司法实践的“拿来主义式”借鉴提出了反思性批评。第二章则回归我国刑事司法实践,各式“鉴定”以及“报告类证据”长期存在并频频出现在法庭上,这些社会科学证据面临合法性与正当性的双重危机,却尚未受到理论界的检视。尽管2021年《刑诉解释》规定检验报告、事故调查报告可以作为证据使用,但并未解决我国立法上的系统性症结,亦无法有效回应司法实务部门在诉讼证明中对不同类型证据种类的实践需求。

第三章以司法证明的基础理论为核心,考察社会科学证据在现行证明标准与证明方法体系之下何以存在“合法性”障碍,并从学理上探讨如何突破该障碍。研究认为,我国追求客观真实的证明标准大大限制了证明方法的外延,主要表现在:证明标准被法定证据之间互相印证的证明方法所取代。社会科学证据可能成为突破我国传统印证证明模式的契机,并可助力于推动我国法从必然性证明到盖然性证明、从确定式证明到似真性证明的范式转型。

以前三章为基础,第四章提出了解决专门性问题的整合模式,即从诉讼证明的需要出发,而非遵从唯科学性的话语体系,探讨鉴定管理体制之外,在刑事程序中提高专家意见用于司法证明活动的可能性。传统意义上,鉴定是《刑事诉讼法》中解决专门性问题的唯一方式,但司法解释却开拓了检验报告、事故调查报告等多种形式。这种散乱的方式不利于司法实践的统一性,亦无助于我国刑事证明理论体系的建构,有必要探索一种以证明为本位、以相关性为核心的新模式。本章提出的专门性问题解决方法的整合模式,既是一种理论分析框架,也是对我国刑事司法实践中证明方法匮乏的一种回应。

考虑到社会科学证据的特殊性,第五、六、七章探讨在控辩审三方构造的庭审场景中,社会科学证据用于司法证明的基础性问题。所涉章节并未拘泥于传统学术研究所热衷的"专家证人出庭",而是回归意见类证据质证的核心——对证据可靠性的证据性论辩。为此,有必要将社会科学证据置于程序的场域之中,通过推动控辩双方平等论辩、理性沟通等方式开展示证、质证等证明活动。第五章立足于社会科学证据的规范性问题,采取比较法研究思路,探究如何通过证据规则(传闻法则)与程序规则(对质程序)检验社会科学证据的可靠性。第六章关注社会科学证据的庭审质证问题,尤其研讨了如何挣脱专家辅助人对鉴定意见的依附性,发挥其在解决诉讼中专门性问题上的证明功能。第七章主要探讨社会科学证据的证明力评估与审酌。在司法证明过程中,社会科学证据是必要的,但也是"危险"的。社会科学证据所包含的证明性信息可能是推论性的或者预测性的,而即便是较为客观的描述性数据,在心理上也可能让裁判者(尤其是陪审团、参审员、人民陪审团等相对外行的事实认定者)陷入“将其等同于事实”的认知偏差。

第八章特别关注了两个具体问题:一是社会科学证据在性侵未成年人案件中的证明作用;二是2021年《刑诉解释》新增的事故调查报告证据的司法证明。性侵未成年人案件多是嫌疑人、被告人陈述与被害人陈述的“一对一”证据分布,少数案件则是嫌疑人、被告人不认罪,仅有未成年被害人陈述的单一证据形式。这给实务中案件的办理带来较大的困难,也是我国印证证明模式的显见弊端之一。为了突破证明方法匮乏的困境,有必要回归司法证明的结构与机理,考察“实质证据印证证明”之外的其他证明方法,社会科学证据不啻为可行的突破口。但不可否认,在现行印证证明规则体系之下,与未成年被害人相关的评估类证据也可能遭遇“法定证据种类”的障碍。事故调查报告与之不同,其因获得司法解释的“肯认”而具有了“证据资格”与“作为定案根据的资格”。但是,《刑诉解释》却没有进一步规定事故调查报告相关的证明程序以及审查认定等问题,给司法实务部门留下了“权力滥用”的空间。这恰恰说明,我国司法解释解决“证明困难”的路径是“应对式”的,缺少普遍性,这种选择性“立法”的做法加剧了我国刑事诉讼法体系的碎片化,亦无益于我国证据法理论体系的建构。

第一章　社会科学证据的证据资格之争
——兼对美国法比较研究

一、如何界定“社会科学证据”？

“社会科学证据”是一个“学术创设”的概念。从正面下定义绝非易事，[1]但可以明确的是，社会科学证据不是自然科学证据。社会科学证据是以社会科学型专门知识为基础而形成的专家意见。社会科学证据的兴起得益于社会科学知识的发展成熟。

社会科学范式与法证科学广泛覆盖的自然科学范式迥异。自然科学旨在描述、解释世界，是经“假设—验证”的、可证伪的知识。[2] 以韦伯为代表学的社会学家、以弗洛伊德为代表的精神分析学家，则认为传统的科学（自然科学）在很多方面都不能帮助理解人类行为——自然科学却无法“反映社会生活和精神生活的特殊性”，而且无法理解人类行为。社会科学如心理学、精神病学、

---

〔1〕 我国有学者对社会科学证据作出如下定义：“社会科学证据是指为了证明与认定案件事实相关的状态、意向性和行为，运用社会性实验或社会调查等社会科学知识和社会科学方法所形成并符合法律程序要求的、用以证明案件事实的事实。”参见汪祖兴、宋汉林：《民事社会科学证据的中国图景》，载《现代法学》2014 年第 2 期。

〔2〕 传统的科学即数学、物理学、化学等所谓“自然科学”，旨在描述或者解释客观世界，具有显著的客观性且价值无涉，以实验或者验证为研究方法。如卡尔·波普尔所论，“衡量一种理论的科学地位的标准是它的可证伪性或可反驳性或可检验性（falsifiability, or refutability, or testability）”。参见［英］卡尔·波普尔：《猜想与反驳：科学知识的增长》，傅季重等译，上海译文出版社 2015 年版，第 52 页。

经济学、政治科学和社会学等,也可以为理解人类行为提供辅助性的特殊知识。[1] 社会科学因其对理解人类行为的作用,其在诉讼程序、法庭审判乃至司法裁判中亦有发挥作用的巨大空间。当今,自然科学与人文社会科学知识的划分已是被普遍接受的事实。通常,自然科学可以被称为"解释性"科学,而人文社科则被视为"理解性"科学。[2]

本章尝试对其作如下限定:本章所论之社会科学证据是一种没有限定证据形式(证据种类)的证据材料,其以社会科学知识为基础,由适格社会科学专家在其专门知识领域内,将该知识应用于案件相关事实,以专家意见的方式呈现。依据证明目的(下文称为证明指向)不同,社会科学证据可以用于证明罪责实体事实,也可以用于证明程序(包括证据)事实。

社会科学证据大致有描述型、推论型、混合型三类。社会科学数据通常有描述型数据(descriptive statistics)与推论性数据(inferential statistics),以此数据为基础,社会科学证据相应地呈现为描述型与推论型。美国学者认为,描述性社会科学证据反映某类人群的原始数据、平均数以及百分比等,旨在通过展示数据来引导法官作出某项事实的推论,如统计数据、社会调查报告等。有时,社会科学证据也呈现为解释数据或某现象、人身评估或人格调查等推论型意见。[3] 除此之外,还有第三类社会科学证据,即关于某事故的调查报告,如火灾调查报告、海难事故调查报告等。这类报

---

〔1〕 参见[德]马克斯·韦伯:《社会科学认识和社会政策认识中的"客观性"》,载[德]马克斯·韦伯:《社会科学方法论》,韩水法、莫茜译,商务印书馆2013年版,第12页。

〔2〕 参见[意] Michele Taruffo:《科学标准在社会和法庭科学证据中的应用》,郑飞译,载《证据科学》2011年第4期。

〔3〕 Jonathan P. Feingold & Evelyn R. Carter, *Eyes Wide Open: What Social Science Can Tell Us About the Supreme Court's Use of Social Science*, 112 Nw. U. L. Rev. 1689 (2018), p. 253 -254.

告的产生与诉讼认识论类似，即用证据来回溯性地建构发生过的事实，具有一定程度上的或然性。[1] 我国刑事司法实践中，此类调查报告往往由行政机关或者其指派或授权的主体开展，针对事故发生的过程、原因、损害结果等，以叙事的方式表述。此类事故调查报告兼具描述性与推论性，是一种比较特殊的社会调查报告证据。

二、社会科学证据是科学证据吗？

诸如英美专家意见可采性规则、我国鉴定意见审查认定规则等，多是针对以自然科学知识、技术、原理等为基础所形成的专家证言。而针对以社会科学知识、方法等为基础所形成的专家证言，其在诉讼中是否具有可采性的问题可能遭遇规则适用上的“困境”：在司法证明中，通常已经接受“科学证据”这一概念，但社会科学证据是否可被归为科学证据，从而适用已有的专家证言可采性规则呢？如果适用该规则，那么进而需要考虑如下应然问题：由于社会科学知识与传统意义上的科学证据的范式不同，前者适用该规则是否合理。

实际上，就专门知识在司法证明中的作用而言，“社会科学证据是科学证据吗”的是非之争涉及已有证据法理论体系中的概念和规则。为了学术对话具有可沟通性，防止概念淆乱造成理论体系的不一致，有必要在理论层面对该问题进行澄清。

（一）自然科学与社会科学的界分

探究社会科学证据本质的第一步是如何界定社会科学。韦伯和弗洛伊德认为自然科学无法“反映社会生活和精神生活的特殊性”，而且无法理解人类行为。社会科学如心理学、精神病学、经

---

〔1〕 参见吴宏耀：《诉讼认识论纲——以司法裁判中的事实认定为中心》，北京大学出版社2008年版，第21页。

济学、政治科学和社会学等，也可以为理解人类行为提供辅助性的特殊知识。[1] 当今，自然科学与人文社会科学知识的划分已是被普遍接受的事实。自然科学可以被称为“解释性”科学，而人文社会科学则被视为“理解性”科学。[2]

简言之，自然科学的逻辑在于，作出假设然后通过实验方法加以验证（试错法），其旨在描述或者解释客观世界。人文社会科学知识并不符合该检验标准，故在波普尔看来，此类知识并不是科学或者“非科学”。实际上，波普尔的理论也遭到（自然）科学家的反对，并且在司法精神病学、政治经济学等领域引起广泛争议。[3]

实际上，竭力证成社会科学之特殊性与独立性的韦伯论者，也坚持社会科学的自身主体性，而并不依赖于波普尔所论之科学。“在这本杂志的篇章之中——尤其在讨论法律时——除社会科学，即关于事实的思想整理之外，社会政策，即关于理想的说明，便不可避免地要占一席之地。但是，我们并不打算把这种讨论混充为‘科学’，我们将竭尽全力提防使这两者彼此融合混淆起来的情况。科学在这里不再有发言的余地。”[4]科学领域对“科学”的概念之争、社会科学的“科学性”之争，很大程度上是因为“对这个问题的回答依赖于历史时期，因为科学的形象在不同时代是不

---

〔1〕 参见［德］马克斯·韦伯：《社会科学认识和社会政策认识中的“客观性”》，载［德］马克斯·韦伯：《社会科学方法论》，韩水法、莫茜译，商务印书馆2013年版，第12页。

〔2〕 参见［意］Michele Taruffo：《科学标准在社会和法庭科学证据中的应用》，郑飞译，载《证据科学》2011年第4期。

〔3〕 Ronald J. Allen, *Expertise and the Daubert Decision*, 84 J. Crim. L. & Criminology 1157 (1994), p. 1171－1172.

〔4〕 ［德］马克斯·韦伯：《社会科学认识和社会政策认识中的“客观性”》，载［德］马克斯·韦伯：《社会科学方法论》，韩水法、莫茜译，商务印书馆2013年版，第12页。

同的”。[1]

把传统的科学证据与社会科学证据分而论之是极为必要的——并非为了区分而区分,而是强调社会科学证据的特殊性。自然科学对诉讼证明的重要意义自不待言,社会科学因其对理解人类行为的作用,在诉讼程序、法庭审判乃至司法裁判中有发挥作用的巨大空间。就人文社科而言,其对于法律而言也是不可或缺的。例如,哲学、历史与文学等传统上被归为人文科学(humanities),其中,逻辑推理、历史分析、文学诠释与常识等均是用法律分析常依靠的知识或被作为研究方法。又如,心理学、精神病学、经济学、政治科学和社会学等传统意义上的社会科学(social sciences),也可以为理解人类行为提供辅助性的特殊知识。

在司法证明的语境中,区分社会科学类证据与自然科学类证据是必要的,但二者在发挥证明作用的时候并不是必然割裂的。区分的必要性在于刑事程序对于控方证明体系之建构、法庭认定事实之依据等有严格的要求,该必要性可以理解为:一方面是出于判决实体正当之要求;另一方面是出于公权力约束的必要或者程序公正的要求。同时,社会科学中的某个部分可能与传统的科学证据非常相似,如经济学与物理学在方法、原理上存在相似之处。[2] 在证据法语境中,司法精神病鉴定等涉及心理学、精神病学知识的专家意见就是典型的例证之一,其建立在经验观察的基础上,对人类行为作出回溯性的、推论式解释。此外,2021 年《刑诉解释》规定中的“事故调查报告”也是一种典型的混合型社会科学证据,即其包含利用自然科学知识、技术原理的部分,也包含对

---

[1] [美] I. 伯纳德·科恩:《自然科学与社会科学的互动》,张卜天译,商务印书馆 2016 年版,第 13 页。

[2] 在这个意义上,绝对严格意义上的学科界分是不存在的,自然科学与社会科学之间也存在不同形式与程度的“互动”。[美] I. 伯纳德·科恩:《自然科学与社会科学的互动》,张卜天译,商务印书馆 2016 年版,第 15 ~ 23 页。

事故成因、责任归属等问题的解释。

(二)"科学证据"概念的淆乱

在社会科学证据与科学证据的关系这一问题上,我国学者存在一个思维惯性,以"科学的"为判断标准审视"社会科学"证据,于是便存在如下问题:"社会科学证据是科学证据吗?"这种以"科学"为中心的话语体系正是"鉴定意见盲信论"的写照。"一些盲目的对于'科学'的随声附和对于我们国家构建科学证据的运用规则更是极为不利的。"〔1〕不仅如此,还将证据法研究置于概念界定、概念间辨析的混乱之中。就狭义的科学而言,社会科学与自然科学显然不能等同或包含,那么社会科学证据就不是科学证据,而自成概念体系;如果科学是被广义界定的,即社会科学亦是科学,那么社会科学就是科学证据,应服从于科学证据的逻辑。

比如,我国有论者认为"科学证据"之"科学"是从广义上界定的,从而主张将社会科学知识包容在广义的科学证据之中。"尤其是在证据法学领域中,盲目地信任自然科学知识的有效性必然会遮蔽了人们的视线,丧失其对自然科学知识本应该保有的警醒,而对社会科学知识的远距离审视也会使相应的科学研究成果长期不能为司法实践服务。"〔2〕理论上诚然如此,但是对社会科学知识的接纳并不必然意味着要冒着概念之间可能因包含、交叉而带来混乱的风险,打破已有的概念体系。

然而,传统意义上的"科学证据"这一概念体系自始是"封闭"的,无法包容"科学性"之外的其他证据。首先,从"科学证据"概念的最初使用来看,其主要用来概括利用科学知识、原理、技术等

---

〔1〕 杨波:《对科学证据的反思——以程序为视角的关照》,载《当代法学》2005年第6期。

〔2〕 杨波:《对科学证据的反思——以程序为视角的关照》,载《当代法学》2005年第6期。

形成的证据,侧重证据内容的“科学性”或“科技性”。“科学证据”并非特指某一类证据,其形式可以是实物证据如物证、视听资料、电子数据,也可以是专家意见这一言词证据。这些科学知识、原理、技术等领域也构成了早期的传统法庭科学种类。后来由于法庭对专门知识的需要、人文社会领域的发展成熟,以往自然科学之外的专门知识——人文科学、社会科学等才作为独立的范式逐渐发展成熟。因此,没有必要为了容许社会科学证据的存在,而扩张已有的“科学证据”概念体系——更何况,社会科学与“科学”的范式迥异。

“科学性”作为一种话语体系的标准,是定义“科学”知识的,不能用以定义“社会科学”知识。甚至,“科学性”但并不具有证据法上的意义:既不能定义“专家意见”,也不能定义“证据”。“科学性”并不是证据的属性或特征。换言之,“科学性”并不具有证明上的意义。为了司法裁判的准确性,诉讼证明并不关心其用以认定事实的证据是不是“科学的”,而是探究其所承载的信息是不是与本案相关且可靠。“科学性”是证据可靠性保障的来源之一,但并不是必然的保障,亦非判定专门知识的统一标准。

总之,在诉讼证明与司法裁判的场景中,探究“社会科学是科学吗”这个问题的答案并不重要,主要原因在于:社会科学是不是科学与社会科学证据在证明中的作用并无关联,因为诉讼证明与司法裁判并不关心某个证据是不是“科学的”,其关心的是该证据所承载的信息在多大程度上以及如何对待证事实起到证明作用。但是,对该问题的探究对于我们理解社会科学证据的属性与特征却具有一定的辅助作用。

科学证据的概念体系无法准确概括法庭对证据性信息的开放性,且“科学性”亦不能周延地界定专门知识的属性。对于超出法官司法认知范围之外的事实,需要借助“特殊知识”时,首先需要对该“特殊知识”的本质作准确的认识:其作为专门知识,借助专家这一主体以意见表达的方式呈现在法庭上。因此,应当跳出“科学的”“科技的”此类概念桎梏,将其置于诉讼证明和司法裁判的场景中,考察其在何意义上对诉讼中的事实起到何种证明作用。对于科学证据全盘接受或者全然拒绝均非妥当做法,亦非明智之策。一方面,我国理论界对科学证据的研究“唯美国法马首是瞻”,脱离了我国法的本土实践;另一方面,我国司法实践中对鉴定意见的偏见仍未得到扭转。

综上所述,对于社会科学证据这个由学术界“创设”的概念,置于诉讼证明和司法裁判的逻辑规律之下才有实证意义。如果转换话语,社会科学知识在诉讼场景中属于“专门知识”,而利用社会科学知识提供证言的(广义)证人为“专家证人”,该证言即“专家意见”。这种意见不同于事实证人的意见,因为其所依赖的知识、原理、技术等具有超出常识之外的“专门性”,而这种“专门性”的判断并不以“科学性”为依据。总之,“科学性”不可以定义社会科学证据,更不应当成为判断社会科学证据是否可采的标准。[1]

三、社会科学知识是常识还是专门知识?

社会科学知识的类型与属性界定,决定了其在制定法上被归入何种证据方法,以及采取何种证据调查方式。简言之,如属于常识,则事实认定者可以依据一般生活经验“径直”判断,自无必要借助法庭外人士的意见——这也符合如无必要,法庭上宜尽量减少意见证言不可靠的风险给事实认定造成不当影响;如属于专门

---

〔1〕 参见汪祖兴、宋汉林:《民事社会科学证据的中国图景》,载《现代法学》2014年第2期。该文认为“……社会科学证据作为具有科学性的社会科学的实践结果,也应当具备科学性,这为社会科学证据成为案件事实认定的依据奠定了基础,使社会科学证据成为可能”。这种以“科学性”来界定社会科学证据的观点几乎是我国学界通说。

知识,则要诉诸具有专门知识的人提供意见证言,其欲用于事实认定,则要通过各项法律上的检验标准。在此需要明确的是,专门知识并不等同于科学知识,前者在范围上可以包含后者。换言之,专门知识的专门性并不取决于该知识是不是"科学的",而是考察其是否超出一般人的常识。一般认为,为认定事实而选择使用何种证据方法时,科学证据并不具优先性;反而,"科学证据是排在第二位的,是常识证据的补充"。[1]

对此,我国司法实践中对社会科学专家的身份界定则有违证据原理,而学者对该问题的研究也存在概念混淆。我国司法实践中有将社会调查报告作为证人证言[2]或者当事人陈述(常见于民事诉讼中)的做法。此外,司法实践中亦有见解认为,如商标是否容易造成混淆、是否属于淫秽物品等事实的认定,法院可以根据常识、经验或情理推断予以判断。前述见解实际上是违背证据法原理与诉讼证明规律的。

简言之,事实证人与意见证人的界分以及事实证言与意见证言的界分,在刑事程序与诉讼证明中尤为重要。二者不仅属于不同的证据方法,且其与待证事实的相关性迥异,而事实与意见对于事实认定而言的证明性则存在本质差别。故此,有必要对社会科学知识的属性作清晰界定。

在此,需要探讨并澄清的问题有二:第一,参与社会调查报告的人,在诉讼中是什么身份?是不是我国《刑事诉讼法》上的证人(除当事人以外的知晓案件情况的第三人)?第二,是不是传闻陈述人,因而导致其参与的社会调查报告属于传闻陈述?实际上,这两个问题的解决思路非常明晰,答案也非常明确:第一,不符合证

---

〔1〕 刘振红:《科学证据何以可能——兼论常识证据》,载《中国刑事法杂志》2011年第9期。

〔2〕 参见张吉喜:《论刑事诉讼中的社会调查报告》,载陈兴良主编:《刑事法评论:不法评价的二元论》第36卷,北京大学出版社2015年版,第599页。

人的特征;更不是意见证人,因为并不涉及其专门知识。故此类调查报告既不是证人证言,也不是鉴定意见。第二,如果该社会调查报告用于证明其主张的真实性,则符合传闻陈述的特征,且并没有获得可靠性保障(既不符合判例法上的传闻例外,也不符合美国《联邦证据规则》等制定法上的例外),故应被传闻法则所排除。

此外,我国有论者对上述问题的态度是矛盾的。一方面,认为社会调查报告只有包含对调查解雇的分析意见,方可归为社会科学证据。有学者认为,我国司法实践中,当事人一方提出的社会调查报告并不能算作严格意义上的"科学证据",重要原因在于其"缺乏调查结论"。根据该见解,调查结论被作为社会科学证据的构成要素。如果一项社会调查报告只有"'证人'的问卷调查结果而不存在任何对这些调查结果的分析意见的话,这份证据便因不存在调查结论这个重要的部分而无法满足社会科学证据的构成要素"。[1] 另一方面,该见解却又在对其进行证据调查时将其作为意见证据规则的例外:"在采用常规的询问方法对证人进行调查的时候,要十分注意意见证据规则的要求;但是采用社会研究报告对证人进行调查的时候,则可以突破常规的证人证言形式,将他们关于案件事实的意见也纳入其中。"[2]然而,只有事实证人方有意见证据规则及其例外的空间。更何况,意见证据规则例外的条件是"证人推测、臆测或评论性意见符合常识、一般生活经验"。然而,社会调查报告显然并不符合该要件。

本章认为,社会科学研究方法与数据分析超越了常识和一般生活经验的范畴,社会科学知识亦非源于普通人的常识与经验判断,而是一种专门知识,需要借助具有专门知识的社会科学专家,而不能诉诸事实证人这一证据方法。总之,理论上这两个问题不

〔1〕 梁坤:《社会科学证据研究》,群众出版社 2014 年版,第 203 页。
〔2〕 梁坤:《社会科学证据研究》,群众出版社 2014 年版,第 204 页。

应该成为争议的焦点,但我国证据理论研究的粗疏以及司法实践的落后,导致对证据原理与基础概念存在“知识性错误”,因此才有“赘述”的必要。

四、社会科学知识可以作为证明意义上的“证据”吗?

本部分所论的证据,强调的是证据的资格,如英美法语境中的可采性、欧陆法语境中的证据能力或者我国法中的“可作为定案根据的资格”。如果不考虑证据的外在形式,就证据的本质出发,社会科学证据可以作为“证据”吗?而证据的本质在于:能有助于事实认定者认定事实,或者对案件中有其他意义的事实有证明作用。

对司法程序中的社会科学证据进行描述,从证据的基础范畴出发,考察社会科学证据作为证据的现实可能,并将其置于刑事司法体系进行实践考察。又在对其诉讼用途进行分类的基础上,概括抽象社会科学证据的常见类型。进而,本部分要解决如下前提性问题:社会科学知识是否可以用来辅助裁判者解决“专门问题”?

(一)“理解型社会科学”在诉讼证明中的用途

“理解型社会科学”在诉讼证明中的用途,可以从美国法司法实践的发展中找到线索。社会科学证据在司法实践中的应用,一般都会追溯到1908年的Muller v. State of Oregon案[1]中的“布兰代斯摘要”(Brandeis brief)。布兰代斯作为被告方律师,其在诉答摘要中援引了诸多医学与社会学期刊文献用以支持如下主张:过度劳动对工人健康的影响是有害的。之后,社会科学证据频频出现在联邦与各州的法庭上。我国研究社会科学证据的学者几乎

---

〔1〕 Muller v. State of Oregon, 208 U. S. 412 (1908).

毫无例外会援引美国法学者对社会科学证据的经典分类,即立法性事实、裁判性事实、社会框架三类。[1]

1. 社会科学证据用于证明立法性事实与裁判性事实。1962年,美国学者肯尼斯·戴维斯(Kenneth Culp Davis)在《行政程序中解决证据问题的一个方法》一文中将案件事实划分为"立法事实"和"裁判事实"。[2] 简言之,"立法事实"针对的是法官在"造法"的时候需要考虑的事实,裁判性事实即采用已经确立的原则来解决个案中特定诉讼当事人之间的纠纷。[3] 裁判性事实通常是由实体法所规定的事项,而立法性事实则需要借助解释,甚至是建构式解释。法院在考虑"立法事实"的时候,实际上是在面临既有的法律原则、规则或者在它们并不存在的情况下创设一项新的原则或规则。[4] 对此,美国有论者认为,立法事实的传统概念实际上容易引起误解甚至可能是误导性的,在立法性质的司法过程中,更适宜的表述是社会权威(social authority)。[5]

事实二分法极具英美普通法事实与法律二分、陪审团与专业法官二分的审判特色,其主要旨趣在于强调立法事实的重要性以及法官在立法事实上的能动性。换言之,其对立法事实的强调乃

---

〔1〕 参见梁坤:《社会科学证据研究》,群众出版社 2014 年版,第 20~21 页。

〔2〕 Kenneth Culp Davis, *Judicial, Legislative, and Administrative Lawmaking: A Proposed Research Service for the Supreme Court*, 71 Minn. L. Rev. 1, 7-15 (1986).

〔3〕 See Kenneth Culp Davis, *An Approach to Problems of Evidence in the Administrative Process*, 55 Harv. L. Rev. 364, 402-403 (1942).

〔4〕 我国也有学者关注立法事实在立法中的作用,如参见姜涛:《立法事实论:为刑事立法科学化探索未来》,载《法制与社会发展》2018 年第 1 期。

〔5〕 参见[美]约翰·莫纳什、[美]劳伦斯·沃克:《法律中的社会科学》,何美欢、樊志斌、黄博译,法律出版社 2007 年版,第 363 页。另见 John Monahan and Laurens Walker, *Social Authority: Obtaining, Evaluating, and Establishing Social Science in Law*, 134 University of Pennsylvania Law Review 477 (1986)。

是对应于法官在个案中发挥司法能动性进行法律解释甚至法官“造法”的职能。

此外,立法事实与裁判事实的二分,乃针对裁判中的事实的一般性划分,并非专门针对社会科学证据。但之后的学者亦认可了该二分法,并将其扩展适用于其他论题,如社会科学证据。按照这个分类逻辑,社会科学证据也可以用于证明上述两类事实。

社会科学研究用于证明立法性事实的情境一般是:法官们确定法律的含义时,在自由裁量权的职权范围内,用以解释种族隔离、性别平等、死刑案件中的法律问题,或者辅助法官适用法律。[1] 比如,1954 年,Brown v. Board of Education 案判决的脚注之一,美国联邦最高法院援引社会科学材料辅助论证。用心理学家、社会学家和人类学家的研究成果来辅助解释宪法将给宪法带来变革。[2] 1986 年,Lockhart v. McCree 案中,法院认为强有力的社会科学是判决死刑违宪的充分根据。[3]

社会科学研究用于证明裁判性事实的场景一般是:用于证明特定的构成要件事实或者用于支持积极抗辩事由。比如,20 世纪 70 年代,在诸如 Hazelwood School District v. United States (1977)案等案中,美国联邦最高法院明确支持实证主义社会科学的作用,认为单纯的数据也可用以证明存在歧视的故意。[4] 另外比较常见的是,在商标侵权等知识产权纠纷中,商标是否相似或者是否造

---

〔1〕 参见[美]约翰·莫纳罕:《社会科学研究方法在美国法院中的应用》,魏奎楠等译,载龙俊主编:《清华法律评论》第 3 卷第 1 辑,清华大学出版社 2009 年版,第 173 页。

〔2〕 Brown v. Board of Education, 347 U. S. 483 (1954).

〔3〕 Lockhart v. McCree, 476 U. S. 162, 173 (1986).

〔4〕 Hazelwood School District v. United States, 433 U. S. 299 (1977), p. 307 – 310.

成混淆等作为待证事实,一般允许引入社会调查报告予以证明。[1]

2. 社会科学证据用于提供背景知识或用于证明社会框架。1989 年,约翰·莫纳罕(John Monahan)和劳伦斯·沃克(Laurens Walker)以肯尼斯·戴维斯(Kenneth Culp Davis)的研究为基础,在《社会框架:社会科学在法律中的一种新用途》一文中认为,社会科学证据在法院中的具体应用,除了对裁判事实和立法事实的证明这两种类型之外,还有第三种应用方式——用来提供案件的背景事实(social context),即社会框架(social framework)。在此,特定问题并非立法性事实或者裁判性事实,而是涵盖这两种传统分类的重要方面。该文创造性地提出社会框架这个概念,指"在决定特定案件的事实问题时,使用社会科学研究的一般性结论"。[2] 一方可以将社会科学知识作为大背景提出,用以证明跨文化辩护、目击证人之人等特定事实。[3] 另外,美国联邦各州司法实践中,作为社会框架被提出的社会科学证据还有一些常见场景。比如,社会科学证据用于帮助事实认定,评估目击证人证言可信性、成年证人证言(包括被害人陈述)。此外,在故意杀人案件中,社会科学证据可以用作辩方抗辩事由,如提出受虐妇女综合征(battered women syndrome,BWS)与强奸创伤综合征(rape trauma syndrome,RTS,即属于创伤后应激反应的一种类型)[4] 等来证明

---

〔1〕 在商标纠纷案件中,社会科学证据用于证明是否存在消费者混淆,如 Pharmacia Corp. v. Alcon Laboratories, Inc. (2002)。

〔2〕 John Monahan & Laurens Walker, *Social Frameworks: A New Use of Social Science in Law*, 73 Va. L. Rev. 559 (1987), p. 570.

〔3〕 参见[美]约翰·莫纳罕:《社会科学研究方法在美国法院中的应用》,魏奎楠等译,载《清华法律评论》第 3 卷第 1 辑,清华大学出版社 2009 年版,第 173 页。

〔4〕 女权主义运动在一定程度上推动了社会科学证据在法庭上的运用。参见[美]伊丽莎白·M. 施耐德:《女性主义法学理论对美国刑法的影响:家庭暴力与强奸》,载[美]辛西娅·格兰特·鲍曼、於兴中编:《女性主义法学:美国和亚洲跨太平洋对话》,中国民主法制出版社 2018 年版,第 173 页起。

存在积极抗辩事由[1]。

以上类别(用于证明立法事实与裁判事实、用于提供背景知识或社会框架)属于社会科学研究在美国司法实践中的常见用途。除此之外,还有第四种用途,即法官用于裁判文书修辞。[2]裁判者用社会科学知识对法律推理及思维过程进行修饰,可以增强说服力与可接受性。

然而,上述乃依据社会科学研究的一般性用法所作分类,但我国学者常常将其等同于社会科学证据按用途所作分类,实际上这是一种误读。原因如下:

其一,社会科学知识在立法事实上的用途及其对裁判文书的修辞功能,因不属于诉讼证明的范畴,故并不能将其算作"社会科学证据"。简言之,就"刑事司法中的社会科学"这个更为宽泛的议题而言,早已有学者涉猎,但主要涵盖如下两个领域:社会科学方法在法学研究中的作用、社会科学判断对司法裁判的作用。前者即方法论意义上的社科法学,强调用不同领域的社会科学知识来描述法律。[3] 后者即后果主义的裁判思维,社会科学作为外部

---

[1] 美国各州刑法对抗辩事由、减轻罪责或否定意图事由的具体规定不同。比如,有的州允许提出该证据主张积极抗辩,也有的州允许提出该证据以减轻罪责或否定意图等。参见 John W. Roberts, Between the Heat of Passion and Cold Blood: Battered Woman's Syndrome As an Excuse for Self - Defense in Non - Confrontational Homicides, 27 Law & Psychol. Rev. 135 (2003); Sarah Crippen Madison, A Critique and Proposed Solution to the Adverse Examination Problem Raised by Battered Woman Syndrome Testimony in State v. Hennum, 74 Minn. L. Rev. 1023 (1990)等。

[2] [美]盎格洛·N. 昂舍塔:《科学证据与平等保护》,王进喜、马江涛等译,中国法制出版社 2016 年版,第 12 ~ 14 页。

[3] 参见陈瑞华:《法学研究的社会科学转型》,载《中国社会科学评价》2015 年第 2 期;陈柏峰:《社科法学及其功用》,载《法商研究》2014 年第 5 期;侯猛:《社科法学的传统与挑战》,载《法商研究》2014 年第 5 期等。

知识来辅助法官说理论证,大致属于法官自由心证的范畴。[1] 前者属于方法论,后者属于法官裁判论证,二者均不是司法证明的范畴。本文以刑事庭审为场域、从刑事证明的视角,聚焦社会科学证据,即以社会科学方法或知识为基础的(应然意义上的)证据。故此,如前所述,该用途不在本章探讨的范围之内。

其二,社会科学知识在社会框架上的用途,则要具体区分:如果该社会框架用于非实质性证明,如用于弹劾证人可信性、目击证人辨认或指认的可信性等,实际上并没有超出裁判性事实的范畴。因此,将其作为社会框架用在诉讼证明中,并无必要,且具有迷惑性甚至误导性。证人可信度的审酌属于事实认定者自由评价的范畴,并非专家应当涉足的领域。[2] ——这是专家与事实审理者的权限划分问题,也反映法庭对专门性知识的遵从或者教育态度问题。是否允许专家提供意见来判断目击证人指认是否可靠,实际上是存在争议的。[3]

其三,社会科学证据是概念性的、抽象性的,并不能将其等同于实证意义上的"证据"。例如,即便是社会科学知识用于性别平等、种族平等背景事实,抑或作为实质证据用于证明特定种族文化、民族文化等系争事实,仍要考虑相关性与可采性等证据资格问题。

总之,我国学者常援引的美国法中社会科学研究的应用分类,

---

[1] 参见侯猛:《司法中的社会科学判断》,载《中国法学》2015 年第 6 期;张剑源:《发现看不见的事实:社会科学知识在司法实践中的运用》,载《法学家》2020 年第 4 期;王云清:《司法裁判中的社会科学:渊源、功能与定位》,载《法制与社会发展》2016 年第 6 期等。

[2] 参见易延友:《证据法学:原则、规则、案例》,法律出版社 2017 年版,第 231 页。

[3] 参见易延友:《证据法学:原则、规则、案例》,法律出版社 2017 年版,第 242 ~ 246 页。该书指出,美国有的州允许引入这方面的专家证言,用以帮助陪审团判断目击证人指认是否可靠,如参见 U. S. v. Hines, 55 F. Supp. 2d 62, D. Mass, 1999,但美国联邦最高法院则态度不明。

严格地讲,应当是社会科学知识在法庭上的广泛使用,并不能将其等同于社会科学证据的分类。社会科学研究只有存在一个指向待证事实的证明主张时,方可探讨其是否能够作为证据的问题。"……社会科学所要证明的裁判性事实主要是指'社会事实'(比如社会公众有多少人认为西红柿是水果而不是蔬菜),而不是过去发生的、具体化的裁判事实(比如张三是否杀死了李四)。"[1]那么,该意义上的社会科学证据如用于事实认定,仍需要满足证据资格的要求——英美法中的相关性与可采性检验,欧陆法中的证据能力,我国法中的作为定案根据的资格。

(二)社会科学证据证明性的有无:两种截然不同的态度

社会科学证据是否可以用于支持特定诉讼主张,美国司法实践中有两种截然不同的态度:允许或者不允许。在美国宪法平等保护条款之下,[2]针对不同类型案件的不同事项,司法实践呈现不同的做法。

1. 允许使用社会科学证据。常见的是涉性别平等的案件。比如,性别平等案件中,社会科学证据可以用来证明存在歧视的框架事实。又如,在女权运动兴起与女权主义发展的背景下,涉及女性平等宪法权利的案件中,社会科学证据往往被允许用来证明歧视故意(如 Muller 案)。再如,在涉及家庭暴力的伤害或者杀人案件中,如果是长期受到虐待的妻子杀害丈夫,强奸创伤综合征或者受虐妇女综合征相关的社会科学证据则鲜少被允许来证明正当防卫或其他抗辩事由。[3] 然而,在涉及教育公平的案件中,如 Brown

---

〔1〕 王云清:《司法裁判中的社会科学:渊源、功能与定位》,载《法制与社会发展》2016 年第 6 期。

〔2〕 美国宪法第八修正案即"平等保护条款"(equal protection clause)。

〔3〕 受虐妇女综合征相关证据可能无法通过 Daubert 可靠性标准的检验,如参见 David L. Faigman & Amy J. Wright, *The Battered Woman Syndrome in the Age of Science*, 39 Ariz. L. Rev. 67, 107 – 109 (1997)。

v. Board of Education案、Grutter v. Bollinger案等,法院多允许当事人提出社会科学证据。[1]

2. 不允许使用社会科学证据——此类往往涉及种族上的宪法平等保护问题。比如,在死刑判处中,不允许用社会科学证据证明对黑人被告人存在歧视。在McCleskey案[2]中,上诉方提出的Baldus Study[3]的社会科学证据表明,在佐治亚州,被告人与被害人的种族在判断是否判处死刑时起着至关重要的作用。上诉律师举出该证据的目的在于证明种族歧视的诉讼主张,然而,法院拒绝将其作为证明种族歧视的证据。这表明,与雇佣歧视及其他宪法性案件不同,死刑案件中,数据型证据并不能被用来证明歧视性目的。McCleskey案在美国学者中引发了广泛的争议,多是批评性的。这种拒绝社会科学证据的做法剥夺了辩方用有利于己的证据开展辩护的权利,可能侵犯了宪法上的平等保护条款。与之类似,在正当防卫案件中,美国法实践中也倾向于不允许辩方提出社会科学证据证明该积极抗辩事由的存在。有研究表明,正当防卫案件中,如果被害人是白人,则其更不可能被认定为攻击者。[4]

是否可以从法院判决中找出社会科学证据是否可用的规律呢?在一案一判的普通法国家,恐怕是无法抽象出一条可以直接指导实践的规则。但是从这些案例中,我们可以看到,法院采取了结果为导向的裁判思维。这种以结果为导向的思维实际上与英美

---

[1] 比如,Brown v. Board of Education(争点涉及对黑人的歧视);Grutter v. Bollinger, 539 U. S. 306 (2003)(争点涉及对白人的反向歧视)等。

[2] McCleskey v. Kemp, 481 U. S. 279 (1987).

[3] 该研究表明,黑人被告人被判处死刑的次数是其他被告人的1.1倍。See David C. Baldus et al., *Reflections on the "Inevitability" of Racial Discrimination in Capital Sentencing and the "Impossibility" of Its Prevention, Detection, and Correction*, 51 Wash. & Lee L. Rev. 359 (1994), p. 287.

[4] Aya Gruber, *Equal Protection Under the Carceral State*, 112 Nw. U. L. Rev. 1337 (2018), p. 1380–1381.

法信奉的实用主义哲学相契合。法院对社会科学证据是否可采的态度,在很大程度上影响着控辩双方的举证行为,在一定程度上甚至决定着案件的处理结果。在司法实践中,辩方无疑是所受影响更大的一方。

(三)社会科学证据的可靠性筛选机制

用以认定事实的证明方法应当具有可靠性,方能确保事实认定的准确性。诚然,证据的真实性是司法证明活动所欲实现的目标,也是事实认定的根本要求。证据规则(多是排除规则)的核心在于过滤掉不可靠的证据,以保障事实认定的准确性以及司法裁判的合法性、正当性。然而,我国法并没有体系性地确立如何筛选专家意见/鉴定意见可靠性的证据规则。

下文拟通过对美国法可采性规则的比较法研究,尝试从中探寻对我国法的有益启示。简言之,社会科学证据本质上属于一种专家意见,在美国法上首先要经历可采性规则的检验。当前美国判例法与制定法上的可采性规则呈现三种话语:Frye 案确立的普遍接受标准[1], Daubert 案确立的可靠性标准[2],美国《联邦证据规则》规则 702 规定的可靠性标准[3]。尽管表述不同,但可采性标准都包含如下两项关键性判断要素:一是该专家证言对于事实认定者认定事实是否有实质帮助(material assistance);二是该

〔1〕 Frye v. United States, 54 App. D. C. 46, 47, 293 F. 1013 (1923).

〔2〕 Daubert v. Merrell Dow Pharm. , Inc. , 509 U. S. 579(1993).

〔3〕 Federal Rules of Evidence Rule 702. Testimony by Expert Witnesses A witness who is qualified as an expert by knowledge, skill, experience, training, or education may testify in the form of an opinion or otherwise if:(a) the expert's scientific, technical, or other specialized knowledge will help the trier of fact to understand the evidence or to determine a fact in issue;(b) the testimony is based on sufficient facts or data;(c) the testimony is the product of reliable principles and methods; and(d)the expert has reliably applied the principles and methods to the facts of the case.

专家证言是否可靠(reliability)。是故,传统上,社会科学证据作为一种典型的专家意见,如欲进入法庭,则首先要经历相关性、可采性检验。详言之,可能需要经历如下具体争议:社会科学证据是否有证明性,社会科学证据是否会带来不公正的偏见,社会科学证据是否有品格证据的风险,社会科学证据是传闻陈述还是传闻例外,社会科学证据是否具有科学有效性等。

在 Daubert 案三部曲以及美国《联邦证据规则》之规则 702 的确立、发展过程中,美国学者们逐渐关注到社会科学与自然科学的界分,及其对于诉讼证明的不同意义。比如,有美国学者指出:"因为(这些证言)不满足 Daubert 标准,故不是科学。因其不是科学,故并不需要通过 Daubert 标准。最弱的领域,对科学作出了最微弱的贡献,将自己列为非科学,以在后 Daubert 时代仍作为专家证人。"[1]社会科学知识为了在法庭上具有可采性,可选路径恐怕就是承认自身属于"非科学",而作为外行专家意见接受可采性规则的检验。Daubert 案作出之后,学者们亦多认为:"考虑到其对陪审团的帮助,社会科学属于专门性知识(specialized knowledge),但并不能被作为科学。"[2]学者们也认为,法庭应当意识到社会科学在科学方法上的局限性。[3]

在锦湖轮胎(Kumho Tire Co.)案之后,规则 702 适用对象如何界定发生了微妙的"转变"。1999 年锦湖轮胎案中,法院进一步澄清,Daubert 案赋予初审法院的"守门人"职责,不仅适用于以科

---

〔1〕 Michael J. Saks, *The Aftermath of Daubert*: *An Evolving Jurisprudence of Expert Evidence*, 40 Jurimetrics 229, 237 (2000).

〔2〕 Teresa S. Renaker, *Comment*, *Evidentiary Legerdemain*: *Deciding When Daubert Should Apply to Social Science Evidence*, 84 Cal. L. Rev. 1657, 1664 – 1668 (1996).

〔3〕 David L. Faigman, *To Have and Have Not*: *Assessing the Value of Social Science to the Law as Science and Policy*, 38 Emory L. J. 1005 (1995), p. 1039 – 1051.

学为基础的证言，而且适用于所有专家意见。换言之，Daubert 可靠性标准的检验要素也适用于如社会学、经济学等社会科学领域的非科学专家意见（non – scientific expert opinion）。[1] 法院还强调，Daubert 案适用的重点在于“知识”（knowledge），而非“科学的”（scientific）。这意味着，某一类知识是否适用可靠性标准的诸要素检验，判断依据并不在于其是否有“科学属性”，而在于“知识属性”。这种界定有助于把社会科学从科学属性与范围的“混战”中抽离出来，将其置于诉讼证明的语境中，判断其是否有助于解决事实认定这一实质问题。

由此可以认为，1999 年之后，至少在判例法上，社会科学知识如欲作为“非科学”专家意见，仍要满足 Daubert 可靠性标准与规则 702 的要求。然而，吊诡之处在于：在 Kumho 案中，法院亦认为，根据系争案件具体情况评估非科学专家证言可靠性时，也适用 Daubert 案确立的诸要素。[2] 但是，可靠性判断的诸要素都具有浓厚的自然科学属性，这导致社会科学证据很难通过可采性检验。详言之，其一，社会科学证据无法满足可证伪性要求。正如 Daubert 案判决所论，“如今的科学方法论建立在提出假设并检验其是否成立；实际上，这种方法论是其与人文探究领域之科学的区别”。[3] 其二，社会科学证据在错误率要件检验时，亦会遭遇障碍。尽管 Daubert 案赋予初审法院灵活的裁量权来判断某项科学知识是否满足该标准的要求，然而，某些社会科学领域的知识（如症状类证据、行为类证据）却无从计算其正确率或者错误率。更甚者，一些被认为是建立在足够实证数据基础上的专家证言，如有关目击证人辨认的局限与缺点的专家意见，在实践中通常被法院

〔1〕 Kumho, 119 S. Ct. p. 1178.

〔2〕 Kumho Tire, 119 S. Ct. p. 1175.

〔3〕 Daubert, 509 U. S. 579, 593 (1993).

排除。

Daubert 案终结了由 Frye 案所定义的“表象时代”,[1] 从而在判例法层面废弃了该案确立的普遍接受性标准。Daubert 案认为,为了最大可能地发现真相,如果所用的技术有效,且能够产生准确的结果,则该科学证据就应当被采纳。另外,Daubert 三部曲判例在某种程度上推动美国《联邦证据规则》规则 702 实现了“范式转型”。2000 年 12 月,《联邦证据规则》规则 702 进行了修正,将 Daubert 案三部曲[2]的精神法典化。[3] 修正后的规则 702“采用了更为严格的标准,而不是对 Daubert 案和 Kumho 案的简单法典化,即它要求有关技术在特定案件中的适当运用”。[4] 这意味着,对专家证言的审查除了关注其所依赖的知识、技术、原理等知识基础,还要考察其在个案具体场景中的应用。换言之,知识技术的科学性并不能必然确保专家意见所主张之证据事实的可信性。

社会科学证据是否适用以及如何适用上述可靠性标准,在美

---

[1] [美]Edward J. Imwinkelried:《论表象时代的终结》,王进喜译,载《证据科学》2011 年第 4 期。作者认为,根据 Frye 案确立的普遍接受标准,法官对专家意见可靠性的判断实际上依赖的是“表象”;而 Daubert 案及《联邦证据规则》规则 702 对 Fyre 标准的抛弃,则意味着“表象时代的终结”。

[2] 美国联邦最高法院围绕专家意见可采性判断标准先后作出如下 3 个判决:Daubert v. Merrell Dow Pharmaceuticals, Inc. , Kumho Tire Co. v. Carmichael 与 General Electric Co. v. Joiner,这 3 个案例被统称为“Daubert 三部曲”。相关内容可参见王进喜编译:《证据科学读本——美国 Daubert 三部曲》,中国政法大学出版社 2015 年版。

[3] 美国《联邦证据规则》规则 702 规定:“在下列情况下,因知识、经验、训练或者教育而具备专家资格的证人,可以以意见或者其他的形式就此作证:(a)专家的科学、技术或者其他专门知识将会帮助事实审理者理解证据或者确定争议事实;(b)证言基于足够的事实或者数据;(c)证言是可靠的原理和方法的产物;以及(d)专家将这些原理和方法可靠地适用于案件的事实。”

[4] 王进喜:《美国〈联邦证据规则〉(2011 年重塑版)条解》,中国法制出版社 2012 年版,第 211 页。

国法上也曾有较大争议。[1] 就专家意见而言，Daubert 案确立并被美国《联邦证据规则》规则 702 所吸收的“可靠性标准”，社会科学恐怕无法全项通过可采性检验。最重要的原因在于：其一，多数社会科学知识都是通过观察、推测所得的“数据”，且数据本身并不具有普遍适用的规律性；其二，多数社会科学知识并不具有“可证伪性”。

就社会科学证据的可采性而言，尽管彼时判例法与制定法均并无定论，但这并不意味着社会科学证据并不具有可采性。实际上，美国联邦和各州司法实践中仍有不同类型的社会科学证据出现在庭审中。社会科学证据的可采性至少可以成为一项法律争议，而并未被宣告“不可采”而盖棺定论。其一，美国法并没有对证据的外在形式作限定，法庭对理解型社会科学知识保持“开放的态度”——社会科学证据不存在进入法庭的形式性障碍。其二，美国法庭科学领域具有一定的开放性与自治性，这与我国司法鉴定管理体制迥异。前者采市场运作模式，[2] 而我国则采鉴定机构行业管理与司法行政机关行政管理的双重管理模式。[3] 这意味着，在诉讼证明中，某个学科领域的专家有资格用其专业知识提供意见证言。

肯认社会科学证据的证明性乃庭审诉讼证明之需要。对于社会科学知识是否可以为裁判者所用（有用性），可以确定的是，社

---

〔1〕 参见王进喜编译：《证据科学读本——美国 Daubert 三部曲》，中国政法大学出版社 2015 年版；王进喜：《美国〈联邦证据规则〉（2011 年重塑版）条解》，中国法制出版社 2012 年版；［美］爱德华・J. 伊姆温克尔里德：《科学证据的秘密与审查》，王进喜等译，中国人民大学出版社 2020 年版等。

〔2〕 参见美国国家科学院国家研究委员会：《美国法庭科学的加强之路》，王进喜等译，中国人民大学出版社 2012 年版；霍宪丹主编：《司法鉴定管理模式比较研究》，中国政法大学出版社 2014 年版等。

〔3〕 参见陈如超：《司法鉴定管理体制改革的方向与逻辑》，载《法学研究》2016 年第 1 期。

会科学知识可以帮助理解人类行为,从而有助于事实认定。如果专家意见的核心在于专家、专门知识、专门意见,而非科学家、科学知识、科学意见,那么社会科学知识如有助于事实认定,则可作为意见证据。社会科学证据与自然科学证据尽管存在区别,但都属于科学证据,在证据能力与证明力规则的设置上应当具有相同之处,且在研究时也可以做到融会贯通。[1]

肯认社会科学证据的证明性乃为适应法庭科学的迅速发展之现实。作为知识的科学,其内涵和外延在现代社会亦经历着“高度分化与高度整合”,在这种扩张趋势下,自然科学与社会科学尽管范式有别,但知识体系在不断融合,并为法庭科学的开放性体系所包容。在这个宏观背景下,证据科学这个新兴的研究领域,也“成为一门以法庭审判为背景,以司法证明为核心,涵盖法学、概率统计、心理学、医学、教育学、经济学等多学科技术知识的开放性学科体系”。[2] 2011 年美国联邦司法中心(Federal Judicial Center)、美国国家研究院国家研究委员会(National Research Council of the National Academies)联合颁布的《科学证据参考手册(第三版)》中,罗列了科学证据的类型,其中有统计学、调查研究、经济损失评估、流行病学、精神健康证据等学科种类。这些科学所依赖的知识并非可证伪的科学,而是涵盖了或者融合了社会科学领域的专门知识。但在该参考手册中,并没有将其统称为“社会科学证据”,而仅仅论及使用具体社会科学知识的证据,但这并不妨碍社会科学证据在诉讼证明以及法庭科学领域的独立意义和重要作用。该参考手册客观、明确地揭示了此类科学证据在研究方法、数据分析等方面的缺陷与不足,把争点问题从可采性转向证明力自

---

〔1〕 参见梁坤:《社会科学证据在美国的发展及其启示》,载《环球法律评论》2012 年第 1 期。

〔2〕 王元凤、于颖超、吴桂玲:《论统计学在科学证据报告中的应用》,载《证据科学》2016 年第 4 期。

由评价上，系争议题的场域也从法律（专业法官）转向事实（陪审团等事实认定者）。

诚然，法证科学学科划分越来越精细，技术也越来越精密，这不仅增加了法证科学鉴识人员的操作难度，同时也给其对科学知识与技术的运用提出了更严格的要求。不仅法证科学本身充满不确定性与可错性，作为主体的人更是无法与错误隔绝。法证科学中的错误率也是刑事司法体系不能无视又无法避免的客观现实。法证科学应用的可靠性在个案中往往是影响证据调查乃至刑事裁判准确性的关键因素。

（四）美国法之于我国法的镜鉴：打破“证据可靠性”的迷思

1. 社会科学证据可靠性判断的话语转换：从证据规则到程序控制

证据的“可靠性”是证据法的核心，也是司法裁判的重点。证据规则与证明规则的主要功能在于筛选某个证据是否可靠，确保只有可靠的证据方能用于认定事实，进而保障事实认定乃至司法裁判的准确性。[1] 然而，无论是在生活世界还是在司法裁判的场景中，可靠性判断都是一个遭遇诸多困境的认识论难题。

首先，这一认识论难题的首要成因在于其所指的多义性。在语义学上，可靠性可能有不同含义（可信性、准确性、真实性）；在认识论层面，可靠性也有不同所指（客观的或主观的）；在司法证明场域，可靠性上的所指也有不同面向（形式上的或内容上的；客观的或主观的；主体性会否影响可靠性判断；拟制的或假设的可靠性等）。此外，通常语境中，可靠性（reliability）与可信性（credibility）被视为同义词。但在诉讼证明场域，这可能是一个错误。人证或言词证据的可靠性不同于实物证据的可靠性，前者侧重人的可

[1] 参见杨波：《以事实认定的准确性为核心——我国刑事证据制度功能之反思与重塑》，载《当代法学》2016 年第 6 期。

信性以及判断者的主观确信程度,而后者则多依赖准确性。[1]

其次,在证据适用的语境中,可靠性可能与真实性相混同。真实性原本就存在多义性:在证据能力层面,证据客观上或形式上为"真",是首要要求。假设,某个证据经过篡改或者是伪造的,那么这个证据就不具有形式上的真实性。在证明力审酌层面,真实性往往指某个证据所承载的信息或者内容为"真",这是根本要求。例如,一把"形式上为真"的带有血液的匕首,如果血液经 DNA 鉴定检验比对属于犯罪嫌疑人,则该实物证据所载信息借助鉴定意见表达为"真"。但有时候,证明力层面的真实性,可能是一种类似内心确信程度的"程度判断"。在英美法中,相关性层面的证据验真是由法官判断的法律问题,而证据价值高低、证明力大小则是由事实认定者判断的事实问题。

最后,可靠性有时还容易与客观性产生密切联系,甚至"混同"。自然科学知识的可靠性的确在很大程度上依赖其客观性,但这并不是自然科学知识本身的客观性,而是该知识所涉命题本身包含的自然现象、事件等的内在属性具有客观性,从而保证了自然科学的"真实可靠性"。社会科学知识所涉的现象、规则、事件等因为并不具有客观性的内在属性,故其可以算作一种"创设"。"(人文社会)科学并没有形成一个同类的集合:它们中每一个都有自己独特的范式。"[2]某个问题的判断所依赖的知识很可能是多元的、复合型的,而每种学科知识的有效性标准并不是统一的、确定的,必须要考虑各个知识各自的可靠性。社会科学证据并非源自实验室,其结论往往很难通过实验进行"客观"检验。所谓的"不可证伪性",正是社会科学证据可靠性遭质疑的主要原因。

---

〔1〕 参见[美] David A. Schum:《关于证据科学的思考》,王进喜译,载《证据科学》2009 年第 1 期。

〔2〕 [意] Michele Taruffo:《科学证据在社会和法庭科学证据中的应用》,郑飞译,载《证据科学》2011 年第 4 期,第 490 页。

尽管社会科学研究方法中有部分是基于经验数据的研究，但方法本身以及研究所得的内容均难做到价值无涉或者价值中立。社会科学专家的“客观性”也可能存在相当的质疑（自然科学领域的专家同样如此）。“当‘客观的’适用于人的时候，其含义也发生了一些改变。我们说并非所有的科学家都是客观的。”〔1〕科学的、非科学的专家们是具有独立判断的个体，但也无法摆脱主体性因素，甚至会大有鲜明的集体或行业利益倾向。正如消极论者所言，“社会科学中的混乱既是‘科学性的’，也是道德性的；既是学术上的，也是政治上的。”〔2〕但这是一个无法消除也无法规避的现实，司法裁判需要借助专门知识，并依靠专家对专门知识的应用。

证据的可靠性判断属于法官裁判职权范围的法律问题，也是认识论的核心问题之一。〔3〕包括社会科学证据在内的专家证言的可靠性判断，则是最具特殊性的领域。概言之，“专家证言可靠性标准这个问题探讨的是法院有没有能力、应不应该、应该怎样判断一个专业领域中的证言是否达到法律规定的可靠性要求的问题。”〔4〕

相较于其他类型的证据（如实物证据、事实证人的言词证据、鉴定意见等），社会科学证据可靠性问题可能更加复杂。社会科学证据作为一种证明方法，其借助社会科学领域的经验性知识建立起证据命题与案件事实的联系，该推论具有一定的盖然性。原因在于：其一，证据命题本身可以是描述性的，也可以是推论性的，

---

〔1〕［美］苏珊·哈克：《科学与法律领域的真相》，刘静坤、丁立玮译，载《证据科学》2018年第5期。

〔2〕［美］C.赖特·米尔斯著，李钧鹏、闻翔编：《社会学的想象力》，李康译，北京师范大学出版社2017年版，第76页。

〔3〕参见［美］苏珊·哈克：《专家证据：美国的经验与教训》，邓晓霞译，载《证据科学》2016年第3期。

〔4〕易延友：《英美证据法上的专家证言制度及其面临的挑战》，载《环球法律评论》2007年第4期。

甚或是综合性的;其二,经验推论所依据的经验性知识亦不是必然性的,多是数据群或者似然比的形式。是故,社会科学证据的客观性不同于社会科学家的客观性;社会科学研究方法的客观性不同于社会科学证据的客观性。进而,在诉讼证明中,为确保司法裁判的准确性,事实认定应当以可靠的证据为依据。盖然性证据的可靠性应当遵循何种标准,就成为司法证明的关键。

2. 证据资格规则并非"唯一正解"

通常,一国或某地区法律会以可靠性为核心从正面规定或从反面否定证据的资格,如美国的可采性规则与欧陆的证据能力规则。这些限制证据资格的规则也就是泛称的证据规则,其核心在于过滤掉不可靠的证据,以保障事实认定的准确性以及司法裁判的合法性、正当性。而是否应当在资格上限制社会科学证据进入法庭,学界有不同见解。该见解与欧陆法证据规则基本一致,但社会科学证据是否能纳入鉴定这一法定证据方法则仍存在争议。相较之下,美国法则通过设立可采性规则对专家证据进行"事先筛选",防止不可靠证据进入法庭之后给外行事实认定者造成偏见。对于通过可采性标准检验的专家意见,其证明力高低则交由事实认定者自由审酌。

诚然,需要清晰地认识到,我国证据法采取的是与英美、欧陆不同的筛选模式。在美国"陪审团—法官"的二元审判法庭上,法官作为"守门人"需要在庭前事先筛选掉不可靠的证据,而筛选的法律标准即可采性规则(可以是判例法规则,或者制定法规则)。[1] 筛选之后,具有可采性的证据要在对抗式法庭上经过逐一出示、询问,即达马斯卡所论的原子主义模式。欧陆模式采取的

〔1〕 Daubert v. Merrell Dow Pharm., Inc., 509 U.S. 579, 593, 113 S. Ct. 2786, 2796, 125 L. Ed. 2d 469 (1993) ("We are confident that federal judges possess the capacity to undertake this review").

则是用严格证明与直接原则等程序性机制规限证据的证据能力，即证据能力规则。相较之下，在我国法语境中，证据进入法庭并不需要跨越相关性或可采性的门槛，而在法官适用证据认定事实的环节，考虑其是否可以作为定案的根据。我国法模式更类似欧陆法的整体主义模式。[1] 这两种不同的证据筛选方式与庭审证明模式，在很大程度上决定了证据分析与适用的不同。

在约束或限制证据资格的规则方面，我国则是从法院"定案"的终端，通过散乱的"证据审查认定规则体系"指引法院裁判。审查认定活动旨在判断某个证据是否具有作为定案根据的资格，该资格判断规则涵盖证据种类、调查核实程序、出庭义务、取证程序、证明力等多个层面。这些规则不仅涵盖证据资格判断，也混合着证据的证明力评估。

循着上述判断路径，可知，社会科学证据并无"容身之地"，但尴尬的是：其一，此类证据在司法实践中较为常见；其二，庭审活动中控辩双方围绕此类证据的争议亦仅集中于其证据种类上，鲜少触及"此类证据如何证明"的实质问题（如如何开展证据的出示、解释、质证、论辩等证明活动）；其三，法院亦陷入"参考但不采纳"的吊诡之中。

回归到法庭司法证明的语境中，可以观察到，专门知识的核心问题有两个：其一，核心要义并不是从内容上判断其是否具有科学性，而是该专门知识是否能起到司法证明乃至辅助事实认定的作用。对此，答案是肯定的：一方面，与以自然科学知识为基础的传统法证科学不同，社会科学知识亦能发挥此作用，不宜被法庭排除在外；另一方面，"盲目地信任自然科学知识的有效性必然会遮蔽

---

〔1〕 参见［美］米尔吉安·R. 达马斯卡：《比较法视野中的证据制度》，吴宏耀、魏晓娜等译，中国人民公安大学出版社 2006 年版，第 68～69 页。

了人们的视线,丧失其对自然科学知识本应该保有的警醒”。[1]其二,如承认其作用,继而要在法官独立裁判与自由证明的制度前提下,考虑如何借助程序机制与证明规则确保其可靠性。该可靠性可能源于其科学性,但并不仅仅源于科学性。美国法实践中对专家证言及其可采性的纠缠,“很大程度上是由于忽视了审判中遵从和教育模式之间的不兼容性,而非科学性知识与其他形式知识之间的不兼容性”。[2]

继而,需要追问的是:以庭审为场域,以诉讼证明和司法裁判为出发点和归宿,应当从何种角度考察社会科学证据的可靠性呢?不可否认,在司法证明的语境中,并不存在绝对可靠的证据命题,可靠性判断标准是一种反映政策取向的价值衡量,如英美法中的可采性规则与程序规则,欧陆法中的严格证明规则与直接言词原则等。对于我国法而言,通过参与式、论辩式程序的方式把证据可靠性判断转化为控辩双方的平等对话与理性沟通,不失为可行的路径。对此,参见本书第五章、第六章、第七章。

---

〔1〕 杨波:《对科学证据的反思——以程序为视角的关照》,载《当代法学》2005年第6期。

〔2〕 [美]罗纳德·J.艾伦:《专家证言的概念性挑战》,汪诸豪译,载《证据科学》2014年第1期。

第二章　社会科学证据在我国法中面临双重危机

一、社会科学证据在我国司法实践中广泛存在

我国《刑事诉讼法》利用鉴定意见把专门问题的解决方法与司法鉴定管理体制捆绑在一起，并将证据方法与证据种类混同。就鉴定事项之外的专门性问题如何解决的实践问题，制定法并没有给出“合法的”解决路径，于是，制定法与司法实践出现较大的供求落差。我国司法实践中对价格、数额等事实的证明需要，这些事项超出法官司法认知的常识判断，而需要借助专业人士的专门知识。[1] 传统的三大类鉴定显然无法满足实践需要，如物品价格“鉴定”、不动产价值“鉴定”、会计“鉴定”等形式各异的“鉴定意见”开始出现在法庭上。[2] 然而，此类“鉴定”并不属于核准登记的鉴定种类，亦不属于我国刑事诉讼法证据种类的限制，导致这些“鉴定意见”无从安放，但又为事实认定所需要，便以绕开制定法

---

〔1〕 参见苏青：《鉴定意见概念之比较与界定》，载《法律科学（西北政法大学学报）》2016 年第 1 期。作者指出，“诉讼活动中大量专业性问题的涌现使得司法实践已限于理论和立法，借助各种专业性机构或专业人士来解决诉讼中遇到的专业性问题”。

〔2〕 2005 年，全国人民代表大会常务委员会制定《关于司法鉴定管理问题的决定》，确立我国建立统一的司法鉴定管理制度。2017 年，中央全面深化改革领导小组第 37 次会议审议通过《关于健全统一司法鉴定管理体制的实施意见》，给统一管理体制提出新任务、新要求。参见霍宪丹：《让科技为正义说话——从建立到健全统一司法鉴定管理体制的改革探索与若干思考》，载《中国司法鉴定》2020 年第 5 期等。

的暧昧方式出现在法庭上。从“鉴定”类证据的实践乱象中亦可窥见司法实践“无法可依”甚至突破制定法的窘境。

除上述财产经济价值类“鉴定意见”之外，用于解决专门性问题的“鉴定意见”，还有调查报告性证据。第一类是具有一定公信力的“文书”，即事故类调查报告，如道路交通事故责任认定书、火灾事故调查报告等。第二类，2013 年《刑诉解释》中没有鉴定机构的检验报告，后被纳入 2021 年《刑诉解释》作为报告型证据，“可以作为证据使用”。第三类则是问卷调查报告类证据，如商标是否容易造成混淆、是否属于淫秽物品、是否造成广泛的社会影响等，此类问卷调查报告多经过公证，在民事诉讼中作为书证或证人证言使用。

在刑事责任的判定中，司法精神病鉴定意见是关键性证据，也是一种特殊的社会科学证据。其一，现行法将其纳入司法鉴定登记管理事项，其鉴定意见亦满足法定证据种类的形式要件，这说明其在制定法上满足了“合法性证成”。其二，从知识内容上看，司法精神病鉴定并非严格意义上的自然科学，而是依靠适格司法精神病专家观察、判断的综合性知识应用。

除了上述解决专门性问题的证据形式之外，司法实践中还有其他证明目的的社会调查报告。第一类是用以证明人身危险性、再犯可能性等人格调查类证据，反映犯罪嫌疑人、被告人主观心态的症状类证据，以及反映被害人、证人作证特征的情态证据等，它们已经出现在我国制定法和司法实践中，但尚未经受证据法学检视。第二类是未成年人刑事程序中特有的社会调查报告。[1] 第

〔1〕 2021 年《刑诉解释》第 575 条规定：“对未成年被告人情况的调查报告，以及辩护人提交的有关未成年被告人情况的书面材料，法庭应当审查并听取控辩双方意见。上述报告和材料可以作为办理案件和教育未成年人的参考。人民法院可以通知作出调查报告的人员出庭说明情况，接受控辩双方和法庭的询问。”

三类是测谎证据,其尽管不具备法定证据形式,但与司法精神病鉴定类似,也是融合科学知识、社会科学知识的综合型证据,因此也可算作特殊类型的社会科学证据。

与自然科学以技术知识为基础的鉴定意见不同,上述所谓“鉴定意见”均属于社会科学证据。此类社会科学证据的形成严重依赖相关适格主体(专家)的实地观察、经验判断,并且是很难通过实验检验、验证的。对于此类证据,不能简单地用“科学性”予以判定,亦不宜适用科学证据的范式与逻辑。

二、司法实践的合法性危机

(一)“作为定案根据”的资格之争

事实认定的准确性是司法裁判的合法性与正当性基础,现代法治国家摒弃了非理性的神明裁判、法定证据制度,对诉讼证明的手段、事实认定的根据作出规限。证据裁判原则成为现代刑事法治的基本原则之一。[1] 根据该原则之要求,对于罪责等实体事实之认定应当以证据为依据。证据裁判原则排斥人为的、恣意的论断,而将事实认定限制在法律允许的证明方法之内。既是对承担认定事实职责的法官裁判权之约束,亦是对承担证明责任的控方之约束。

我国2010年《关于办理死刑案件审查判断证据若干问题的规定》首次规定了证据裁判规则,即“认定案件事实,必须以证据为根据”。但从刑事诉讼法体系整体观之,我国证据裁判原则的规范目的与规则体系仍不明确,反而受制于对证据作出形式性要求的其他条款,如《刑事诉讼法》第50条之规定:第1款对证据下定

[1] 比如,《日本刑事诉讼法》第317条规定:“事实,应依证据认定之。”我国2010年《关于办理死刑案件审查判断证据若干问题的规定》第2条亦规定:“认定案件事实,必须以证据为根据。”

义采“材料说”;第2款是对证据形式或者种类的界定;第3款对证据真实性的程序性提出要求。我国司法鉴定管理体制与法定证据种类是社会科学证据作为定案根据资格的主要障碍。详言之:

社会科学证据是否可以作为“定案的根据”的关键在于其是否符合法定证据种类的相关规定。从证据法理上观察,社会科学证据并不属于实物证据,亦不属于事实证言,而具有显著的专家意见属性。但现行法下,鉴定是“生成”鉴定意见的唯一合法路径。2018年《刑事诉讼法》第146条规定:“为了查明案件,需要解决案件中某些专门性问题的时候,应当指派、聘请有专门知识的人进行鉴定。”受制于司法鉴定管理体制,社会科学知识却不属于合法的鉴定种类。我国鉴定领域的管理体制相对比较封闭。对于鉴定事项,我国采取登记管理制度,即由司法行政部门负责登记管理。如属于鉴定登记管理事项的鉴定种类,适格的鉴定人所作鉴定意见“自动”获得合法形式。可以属于鉴定意见的如司法精神病鉴定类鉴定意见、环境侵权类鉴定意见;其他类鉴定种类依据的多是自然科学知识、技术或原理。在此仅探讨后者,即非鉴定类鉴定意见。

除了鉴定管理体制之外,某个证据能否作为定案根据的关键仍在于《刑事诉讼法》规定的法定证据种类制度。从性质上看,社会科学知识显然属于“专门知识”,但其在诉讼中的呈现方式却不符合我国《刑事诉讼法》所规定的证据种类,亦非受司法部统一管理的鉴定门类。

司法实践中呈现与制定法不同的另一番景观:专门问题之解决俨然已经超越了鉴定意见这一法定证据方法,法庭上存在各式“另类鉴定意见”。司法实务部门在处理个案时遇到各种专门性问题,如价格评估、会计类评估等,而鉴定却无法充足解决此类问题,很大原因在于鉴定以及鉴定意见受鉴定管理体制之约束。控方作为承担证明责任的一方,需要对犯罪成立要素证明到排除合理怀疑的程度，受制于严格证明，需要借助证据方法。法院遭遇的问题更为棘手：此类知识已经超出法官常识与情理推断的范畴，同时，《刑事诉讼法》对法定证据方法（又称为法官诉诸专门知识的人的障碍）又存在限制。法院受制于证据裁判原则之要求，定罪量刑都要有证据证明，且每一个用于定案的根据都要查证属实。制定法与司法实践之间出现了专门性问题解决方法的“供需差”。为了“应对”证明困境与定案困境，司法实践中，出现了价格鉴定、会计鉴定等种类各异、形式各异的另类鉴定意见。

根据现行法之规定，此类所谓鉴定意见既非鉴定登记事项，又非法定证据种类之鉴定意见，但却进入法庭，用于控方证明。理论上有违严格证明与证据裁判规则。不同于英美法事实审与法律审二分模式下，利用相关性规则与可采性规则对进入陪审团视野的证据事先进行筛选的做法，我国法并没有对证据进入法庭设置准入性门槛或前置性的筛选机制，而是采取所谓“敞开大门”然后“出厂检验”的路径，即仅在认定事实时限制进入法官心证范围的证据。换言之，我国并未对进入法院自由心证视野的证据作规则式限定，而更强调对“定案根据”作概括性限定，而限定条件即“查证属实”。“查证”即庭上出示、质证等程序要求（理论上是严格证明的程序要求）；“属实”则强调证据内容的可靠性。这可能意味着，证据准入资格或者裁判者心证证据“筛选机制”的缺乏，很多最终没有作为定案根据的证据，可能在庭审程序中被出示、被质证。辩方因此遭遇更加困窘的局面：一是并不能有效地阻止此类证据进入法庭；二是质疑意见鲜少为法院采纳，且往往以“作为定罪量刑参考”作为回应。

诚然，我国也有学者认为，不宜从可采性的角度去限制社会科学的证据资格，而主张“从证据的证明力而非可采性的角度去探讨这类证据的具体适用，从而更进一步地从证明标准的角度探讨这种证据所能证明的案件事实的程度”。[1] 本章对此持不同见解。“一码归一码”——可采性与证明价值二者关注点与各自功能不同,不可互相替代,亦不可跨越一方。正如多伯特判例中法官所言,法庭对真相的探究和实验室对真相的探究存在重要的区别,科学结论永远处于变动和修正之中,而法律则必须终局并快速地解决摆在面前的争端。[2] 科学证据可采性问题并不是要把法官和陪审团变成专业人士,而是帮助作为事实审理者的陪审团认定事实,而法官则作为科学证据的“过滤器”或者“守门人”。[3]

(二)合法性危机的根源

1.法定证据种类的局限

根据我国《刑事诉讼法》之规定,某个证据材料可以作为定案根据的必要前提是其属于法定证据种类之一。如前文所分析,社会科学证据所针对的往往是超出普通人常识之外的专门性问题,法官需要诉诸有专门知识的人提供意见。然而,我国法定证据种类中的专门性意见只有鉴定意见这一种形式。法定证据种类之封闭性,成为社会科学证据在我国法中遭遇的一个关键性障碍。

法定证据种类中,涉人之证据主要有两大类,即事实证人之证言、专家证人之意见。前者以其对案件有亲身感知为必要,如犯罪嫌疑人、被告人供述、被害人陈述、证人证言,后者则以专门知识为必要,如鉴定意见。在该分析框架下,社会科学证据应属于拥有专门知识的人所提供的意见证言。但根据现行法,人之意见证言的法定证据形式是鉴定意见。社会科学证据的门槛性问题即判断其

---

〔1〕 梁坤:《争议中运用的社会科学证据——评〈科学证据与法律的平等保护〉》,载《证据科学》2017 年第 1 期。

〔2〕 Daubert, p. 596 – 597.

〔3〕 Erica Beecher – Monas, *Evaluating Scientific Evidence: An Interdisciplinary Framework for Intellectual Due Process*, Cambridge University Press, 2007, p. 6 – 7.

是否属于鉴定意见。

根据我国《刑事诉讼法》之规定，专门问题的解决应当由有专门知识的人进行鉴定，鉴定意见即为法定的证据方法，且是我国法定证据种类之一。现行法语境中，鉴定是“生成”鉴定意见的唯一合法路径，鉴定之外，无鉴定意见；而某份“专家意见”如果不符合鉴定意见之法定形式，则并不具有证据资格。

实际上，我国《刑事诉讼法》对证据法定形式的规定成为证据法学理论研究的桎梏，在实践中也限制了其他种类证据的适用。[1] 从应然意义上和规范层面，证据种类并不是证据资格的必要要件，亦不应成为证据准入的限制性门槛。如果从本质上进行解读，呈现形式并不必然决定性地影响某个“证据材料”对裁判的“辅助作用”。证据之于特定事实的证明，取决于其与该事实的证明性——此即内容上的要求。如英美法并不以外在形式作为证据的必要要件，而更强调相关性这个内在问题——相关性是“证据的根本属性”，[2]是事实认定准确性的“逻辑基础”。[3]

我国刑事诉讼法学研究的主流范式是立法对策式研究，[4]热衷做“官方决策的谋士”，[5]然而让人费解的是，在对待刑事法定证据方法的态度上，却让人诧异地一致坚守教义学立场，即法定证据方法是证据资格的必要条件，某类证据材料如果不能被列入法定证据种类，则势必不能成为“证据”，进而不能作为定案的根据。

---

〔1〕 我国学者围绕证据种类的争论，参见周洪波：《诉讼证据种类的区分逻辑》，载《中国法学》2010年第6期；孙远：《论法定证据种类概念之无价值》，载《当代法学》2014年第2期等。

〔2〕 参见张保生、阳平：《证据客观性批判》，载《清华法学》2019年第6期。

〔3〕 参见张保生、阳平：《证据客观性批判》，载《清华法学》2019年第6期。

〔4〕 参见陈瑞华：《刑事诉讼法学研究范式的反思》，载《政法论坛（中国政法大学学报）》2005年第3期。

〔5〕 参见王超：《刑事证据法学研究的再次转型：从价值表达到精确解释》，载《政法论坛（中国政法大学学报）》2014年第1期。

诚然，解决上述争议性问题首先要诉诸对制定法的解释。然而，教义学解释尽管以形式法治为根基，注重法解释的体系性，但也是建构性的。根据德国学者的传统观点，教义性、体系性的法科学属于狭义上的法科学，"其作业主要包括三个层级：解释、建构与体系化"。[1] 故此，对《刑事诉讼法》第50条之解释，亦应当突破法定形式的桎梏，对证据作建构式解释。结合第1款与第3款，能够证明案件事实的材料（实质性与证明性两个并存要件），经过查证属实（严格证明的程序性要件与可靠性这一根本要求），方可作为定案的根据——这才是对定案依据意义上的证据的本质要求。总之，证据形式或者证据种类并不应当成为限制证据进入裁判者心证范围的门槛。诚然，如通过解释亦无法解决关键问题，则需要诉诸立法修改。

2. 专门性问题解决方法的唯一性

司法行政领域之鉴定管理事项与《刑事诉讼法》所规定之鉴定意见之间存在密不可分的关联。我国对鉴定事项采登记管理制度，即由司法行政部门负责登记管理，这意味着，如属于鉴定登记管理事项的鉴定种类，适格的鉴定人所作鉴定意见"自动"获得合法形式。社会科学证据中，如司法精神病鉴定、环境侵权类鉴定因属于登记核准的鉴定种类，可在形式上满足鉴定意见这一法定证据种类的要求。但是，调查报告类、评估类、价格"鉴定"类等社会科学证据则因不属于鉴定种类而不满足鉴定意见的形式要求，进而不具有"作为定案根据的资格"。

诚然，全国人民代表大会常务委员会于2005年颁布的《关于司法鉴定管理问题的决定》对于鉴定种类的分类采取了"开放式"规定，然而我国鉴定领域的管理体制仍相对比较封闭。该决定第

[1] ［德］古斯塔夫·拉德布鲁赫：《法教义学的逻辑》，白斌译，载《清华法学》2016年第4期。

2 条第 4 项规定："根据诉讼需要由国务院司法行政部门商最高人民法院、最高人民检察院确定的其他应当对鉴定人和鉴定机构实行登记管理的鉴定事项。"司法实践中仍未有正式登记的第四类鉴定。司法解释却采用了"检验"这一路径来解决鉴定之外的专门性问题，[1]但目前经明确授权与认可的只有环境污染类检验，规定在最高人民法院于 2015 年 6 月发布的《关于审理环境侵权责任纠纷案件适用法律若干问题的解释》第 8 条，即对查明环境污染案件事实的专门性问题，可以委托相应机构出具检验报告、检测报告、评估报告或者监测数据。显然，鉴定管理体制并不能及时应对实践中解决各种专门性问题的需求。

我国现行法中，司法行政领域的鉴定登记事项与《刑事诉讼法》的法定证据种类互相捆绑。其一，鉴定事项与鉴定意见之间存在某种互相界定的错位关系：鉴定是生成鉴定意见的唯一方法，而鉴定意见这一法定证据种类只能依靠鉴定。但是《刑事诉讼法》上又把专门性问题之解决限定为"鉴定"这个唯一方法。即便是司法解释认可的检验所得检验报告，仍因不满足《刑事诉讼法》对证据的形式要求而不具有作为定案根据的资格。其二，鉴定登记事项专门性问题之间存在某种互相限定的狭隘关系，即鉴定登记种类所依赖的知识、原理、技术等多是自然科学的，外加司法精神病鉴定这个唯一的"复杂知识类型"；专门性问题多是需要借助科学技术、原理予以解决的"特定"问题。前者倾向于可验证的、可证伪的逻辑范式（司法精神病鉴定与环境污染类检验除外）；后者则排除了前者之外的专门性知识存在的可能。由此可知，需要借助社会科学知识或方法予以解决的专门性问题，虽然超出法院

〔1〕 2013 年《刑诉解释》第 87 条第 1 款规定："对案件中的专门性问题需要鉴定，但没有法定司法鉴定机构，或者法律、司法解释规定可以进行检验的，可以指派、聘请有专门知识的人进行检验，检验报告可以作为定罪量刑的参考。"

的常识判断与情理推断,但在现行法中却无法找到合法的证据方法。

三、司法实践的正当性危机

(一)可能造成控辩失衡

1. 辩方证据性权利受限

社会科学证据的公平且适当的用途在于:要求控辩双方都可以平等地诉诸专家证人以及律师帮助,尤其是专家证人。[1] 然而,实际上并非如此。在专门知识上,控辩双方存在武器不对等、知识不平等的权力——权利失衡局面,表现在至少以下两个方面:

(1)尤其在刑事案件中,辩方不太可能获得己方专家证人或者可以咨询的人。毫不令人惊奇,在有罪判决中,已经有越来越多的案件显示,控方专家证人根本没有遭遇辩方专家质证。[2] 我国有学者对鉴定意见的质证与采信开展的案例研究表明:法庭上,辩护律师很少对控方鉴定意见质疑,而少数质疑的辩护意见,法院判决书显示鲜少采纳。专家辅助人参与质证的效果也极为有限。[3]

(2)如果法庭限制社会科学知识的使用,"利益受损"最大的一方是辩方。以美国法为例,传统的 Daubert 可靠性标准或规则 702 标准在实践中的适用结果就是:几乎排除包括心理学、精神病学等软科学在内的证据,这对控方有利而对辩方不利。辩方的辩护主张往往是涉及被告人实施犯罪行为时的心理状态,如精神失常、精神紧张、认知障碍等,如果缺少可采的证据,对辩方而言无疑

---

〔1〕 法官在裁决是否采纳专家证言的时候,要考虑到控辩双方是否有获得科学知识帮助的平等机会。See Margaret Berger, *Symposium on Science and the Rules of Evidence*, 99 F. R. D. 187, 231 (1983).

〔2〕 Neil J. Vidmar & Regina A. Schuller, *Juries and Expert Evidence: Social Framework Testimony*, 52 Law & Contemp. Probs. 133, 159 (1989).

〔3〕 参见胡铭:《鉴定人出庭与专家辅助人角色定位之实证研究》,载《法学研究》2014 年第 4 期。

是一大"缺憾"。[1] 这可能会进一步加剧控辩双方"武器不对等"。

2. 专家辅助人对专门问题之解决仅起辅助作用

在我国,专家辅助人(有专门知识的人)与鉴定人存在交错关系。有学者将其概称为"双轨制模式"。[2] 根据2018年《刑事诉讼法》,专家辅助人可以"对鉴定人作出的鉴定意见提出意见"。但其身份与功能定位不甚清晰。理论上,其对于控方而言,可以增强可信性;对于辩方而言,则可以辅助质证。总之其是辅助性的,且其提出的意见也并不是法定的证据方法。然而,2018年实施的《人民法院办理刑事案件第一审普通程序法庭调查规程(试行)》(以下简称《一审普通程序规程(试行)》)第26条名为拓展专家辅助人功能,实则突破《刑事诉讼法》,规定"有专门知识的人可以与鉴定人同时出庭,在鉴定人作证后向鉴定人发问,并对案件中的专门性问题提出意见"。专家辅助人似乎拥有了某种独立性身份。对此,有持积极态度的论者认为,司法解释中已经呈现专家辅助人向专家证人身份转变的趋势,鉴定人与专家辅助人的双轨制终将被打破。[3]

"双轨制打破说"建立在对《一审普通程序规程》作扩张解释的基础上,而根据法解释学的一般原理,该扩张解释实际上突破现行《刑事诉讼法》之规定,从而不具有合法性。尽管专家辅助人对专门知识之解决具有重要意义,但其重要性并不代表其正当性,不足以支持用突破《刑事诉讼法》的方式作扩张解释。本书倾向于

---

〔1〕 参见张南宁:《科学证据可采性标准的认识论反思与重构》,载《法学研究》2010年第1期。

〔2〕 参见陈如超:《专家参与刑事司法的多元功能及其体系化》,载《法学研究》2020年第2期。

〔3〕 参见张保生、董帅:《中国刑事专家辅助人向专家证人的角色转变》,载《法学研究》2020年第3期。

认为,应对《一审普通程序规程》之规定采限缩解释的立场,即专家辅助人出庭辅助证明/质证抑或提出意见针对的仍然是鉴定意见所涉鉴定事项相关的范围,并且其所针对的专门性问题仍局限于鉴定登记事项范围之内。这意味着,专家辅助人在庭审中发挥的作用仍然有限:专家辅助人并不具有独立身份,其意见不是“解决专门问题的法定证据方法”。是故,专家辅助人身份是否独立对于当前我国刑事司法实践症结之解决并不具有关键意义,而应当跳出鉴定之外,剥离鉴定登记事项与法定证据方法、厘清解决专门问题的证据方法与法定证据种类之间的捆绑关系,从专门问题的本质、证据的内容入手,考察专门知识在何种程度上、以何种方式帮助法庭解决哪些专门性问题。[1]

专门问题并不仅仅限于鉴定登记事项范围之内的问题,超出事实认定者常识判断与情理推断之外的均可以是专门问题,并且专门问题之解决仍应当受制于法定证据方法之限定(而不是法定证据种类,如鉴定意见)。因此,当前司法实践中已然进入法庭的各类“鉴定意见”以及调查报告等社会科学类证据之提出,所针对的如是专门性问题,则应当诉诸“专家意见”的证据方法。鉴定人自然可以提供鉴定意见,非鉴定人型专门知识人亦可依据其领域内的专门知识提供专家意见。

对于上述问题,我国2021年《刑诉解释》规定的“检验报告”已经为此提供了解决路径。根据我国刑事司法实践,有专门知识的人并不一定都是具有鉴定人资格的鉴定人,如作出检验报告的

---

〔1〕 我国已有论者以专门知识的类型化划分为基础,倡导构建“四维分享模式”,该模式下,“司法鉴定人+专家辅助人+司法技术人员(技术咨询专家)+专家陪审员”四种角色共存,但各有不同:鉴定是整个法庭的助手;专家辅助人是诉讼双方的助手;司法技术人员(技术咨询专家)是法官的助手;专家陪审员是与审判法官分享事实认定权力的裁决者。参见郑飞:《论中国司法专门性问题解决的“四维模式”》,载《政法论坛》2019年第3期。

专门知识人，其因具有专门知识而具有特殊身份。但专家辅助人抑或检验人均属于意见证人，如提供意见证言（专家辅助人质证意见或者独立意见，检验人的检验报告），均有出庭作证义务。因为出庭义务的根源并不在于其是不是鉴定人，而是考虑到证言对事实的证明作用，根本上是实质真实发现的需要。

尽管如此，专家辅助人制度当前仍然无法周全地解决社会科学证据的问题。就用于实质证明的社会科学证据而言，因受制于法定证据形式（鉴定意见）的要求，而不具有定案的资格。但控方提出此类证据时，辩方无从对其开展有效质证——因为专家辅助人是以鉴定意见为基础的角色。就用于非实质证明的社会科学证据而言，辩方除了遭遇上述同样障碍之外，还受制于“证据手段不对等”，而无法主动诉诸社会科学类专家辅助人，如提出社会科学专家对证人指认或辨认可信性的质疑，或提出被告人患有某种症状的心理学证言等。

（二）法官可能滥用裁判权

如前所述，我国司法实践实际上背离了《刑事诉讼法》的规定。2018 年《刑事诉讼法》并没有承认“价格鉴定”“会计鉴定”等证据材料的证据资格，主要原因在于其并不符合证据种类的形式要求。司法实践中却将其作为书证、证人证言甚至鉴定意见等形式，作为定罪量刑的“参考”。2021 年《刑诉解释》对司法实践做法的“事后追认”以及对检验报告、调查报告等证据资格乃至作为定案根据资格的肯认，尽管具有法律约束力，但并不具有法律效力。严格意义上，司法解释并不属于“法条”，更不能突破作为法律的刑事诉讼法。这个现象在我国刑事立法与司法实践中长期存在，“立法式司法解释”已经成为一种常态。学者对此已有探讨与反思。然而，该现象除了造成刑事诉讼法的合法危机之外，还可能导致权力滥用甚至恣意裁判。

尽管司法解释肯认了此类证据的“资格”,但此类证据如何审查判断证据仍缺少制定法的约束。司法实践中,法官多倾向于采信。法官多不采纳辩方的质疑意见,辩方丧失了提出异议的动因。反过来,辩方鲜少对其质疑,对于双方无异议的证据,法院亦倾向于采信而不履行证据调查职责。对此类证据,法院基本套用鉴定意见的审查判断规则,将社会科学知识与自然科学知识混为一谈,并沿用了对鉴定意见的“盲信主义”态度。

诚然,司法解释以及司法实践对“另类鉴定意见”证据资格的肯认与适用,可以在很大程度上解决某些待证事实的“证明困难”。造成困难的成因是多方面的,比如,法定证据种类的封闭性、专门性问题解决“唯鉴定意见论”等。归根结底,是传统印证证明体系之下,证明方法的局限性。司法实践为了解决个案中的具体问题,不能拒绝裁判,不能“任意裁判”,“另类鉴定意见”为这种两难困境提供了解决的路径。但随之而来的问题就是,此类证据的举证质证、审查判断等因缺少制定法的规制,可能降低了证明的要求,埋下权力滥用的隐患。这种“简化证明”固然有助于提高诉讼效率、节约司法资源,并有助于刑事政策的贯彻,但其隐藏着有罪推定、唯实体结果论的偏见。证明简化规避了刑事证明机制,未照顾辩方利益之保障,减轻或卸除控方证明负担,可能增加司法误判的风险。

原本,证据可信性、证明力高低等问题属于法官自由心证的范围,却被司法解释“统一确定下来”。自由心证的内心裁判活动“简化为”对司法解释规则的直接援引,而不需要另行法律论证,这在很大程度上卸除了法官的说理负担。法官不需要对“简化证明—事实认定”这个过程进行说理论证,因为司法解释已经确认了二者之间的逻辑关联,也认可了这个“逻辑推理”的“合法性”。在个案适用中,只要控方完成某事实的证明要求,则法官可以直接就其作出认定,而不需要再行揭示其心证过程。

裁判者既因司法解释获得认定事实的自由，同样因司法解释“让渡”了认定事实的自由。如果说司法实践对办案经验的探索是裁判者如何进行自由心证，那么司法解释对司法经验的认可便是对实践性自由心证的“确定化”。“实践经验司法解释化”的过程又形成对自由心证的约束，因为其用设定统一规则的方式替代法官个案中的“独立判断”。在自由心证“确定化”的过程中，借助简化证明诸规则之适用，控方证明并未获得裁判者的评价，也无法受到辩方有效质证，但法官却因此获得了事实认定的“捷径”，进而直接规避了事实认定的复杂性、证据真实性判断等认识论难题。

四、社会科学证据的身份危机

2021 年《刑诉解释》之第 100 条、第 101 条对 2013 年《刑诉解释》乃至《刑事诉讼法》作出重大修改。一是用“报告”这一中立概念取代 2013 年《刑诉解释》中的“检验报告”，并增加了“专门机关的事故调查报告”这类证据形式；二是承认报告与调查报告可以作为证据使用，经查证属实可以作为定案的根据。相较于 2013 年《刑诉解释》将检验报告作为定罪量刑参考[1]的保守路径，2021 年《刑诉解释》则更进一步，甚至实现了“质的跨越”：本次修改对于司法实践无疑具有积极意义，拓展了专门性问题解决的证据形式的外延，在一定程度上解决了实践中各类“鉴定意见”[2]证据资格有无的争议。其不容忽视的重要意义在于：本次修改承认了社会科学证据可作为定案根据的资格。

---

〔1〕 2013 年《刑诉解释》第 87 条第 1 款规定：“对案件中的专门性问题需要鉴定，但没有法定司法鉴定机构，或者法律、司法解释规定可以进行检验的，可以指派、聘请有专门知识的人进行检验，检验报告可以作为定罪量刑的参考。”

〔2〕 实际上此类“鉴定意见”并不属于法定证据种类的鉴定意见，如“价格鉴定”“会计鉴定”等，主要原因在于其并不属于可予登记管理的鉴定事项。详见下文论述。

根据2021年《刑诉解释》第100条与第101条的规定，社会科学证据可以作为证据使用，经法定程序查证属实的，可以作为定案的根据。该修改是对2013年《刑诉解释》的积极“超越”。其一，2021年《刑诉解释》第100条跳出了自然科学话语体系的桎梏，转向法庭对专门性问题解决的需求，并将其置于诉讼证明的语境中予以考察。2013年《刑诉解释》中的检验报告仍然采取了试验、验证的自然科学范式，在一定程度上也排除了社会科学证据的可能性，因为社会科学知识无法通过可控试验予以检验。2021年《刑诉解释》修法实际上认可了社会科学证据作为定案根据的资格。其二，2021年《刑诉解释》第101条的事故调查报告，正是一种典型的社会科学证据。在司法实践中，此类事故调查报告可以是火灾、海难、空难等事故调查报告。

2021年《刑诉解释》也是对2018年《刑事诉讼法》的积极“突破”，即以诉讼证明的需要为出发点，用专门知识与专家意见而非法定证据种类来界定报告证据。如本书开篇所论，学界对法定证据种类制度颇多诟病。[1] 本章倾向于认可上述两个增修条文的积极意义，并倡导借以反思如下问题：其一，2018年《刑事诉讼法》第50条证据种类的转型甚至存废。其二，改革我国司法鉴定体系，将其与证据种类的捆绑关系适时解除。本章主张跳出鉴定，剥离鉴定登记事项与刑事证据方法，厘清解决专门问题的证据方法与法定证据种类之间的捆绑关系，从专门问题的本质、证据的内容入手，考察专门知识在何种程度上、以何种方式帮助法庭解决哪些专门性问题。

综上所述，2021年《刑诉解释》回应实践证明需求，总结地方

---

〔1〕 我国学者围绕证据种类的争论，参见周洪波：《诉讼证据种类的区分逻辑》，载《中国法学》2010年第6期；孙远：《论法定证据种类概念之无价值》，载《当代法学》2014年第2期等。

性司法实践,并将其上升为法律条文。社会科学证据在我国司法实践中的“身份危机”得到一定解决。但是,这并不意味着调查报告等各式鉴定意见在刑事诉讼上获得了法律上的资格,亦不意味着如何审查判断等证据适用问题一并得到解决。反而,学术界首应反思司法解释出台之前相关理论研究的匮乏,其次则要探究在现行法框架内如何体系性地解决专门性问题,以为司法实践提供理论智识。

此次修法的积极意义毋庸讳言,但仍有基础性理论问题值得深入探讨。从法体系上整体考察,修法仅针对性地解决了实务难题,但并未对专门性问题的解决提供一条清晰的规范路径。鉴定意见与报告类证据并立的分散模式不利于我国证据法理论的发展,也无法预测性地解决未来可能遭遇的其他实践问题。

第三章 社会科学证据的理论基础
——对司法证明理论的反思性分析

一、证明方法的匮乏及其外延拓展

我国当前证据法学研究奉行“证据本位论”——这既是对我国当前证据法学研究现状的一种实然描述，也反映出相当时间内我国证据法学术研究的一种偏好。这种实然与偏好跟我国《刑事诉讼法》及《刑诉解释》的增修以及司法改革决策的制定有紧密的关系。在制定法与司法实践层面，传统的印证证明模式之下，“证据印证”成为唯一的法定证明方法。在这种“唯证据证明论”[1]的司法观之下，法官在个案中可能面临两个证明难题：一是因“无法证明”某些要件事实，而难以定案；二是因证据短缺无法完成“证据印证”的要求而难以定案。证明方法的匮乏已经成为我国刑事司法实践中的现实难题。

证明方法的匮乏表现在：法定证据种类有限，无法包容其他形式的证据——社会科学证据就是一个例证；除了证据印证之外，是否存在以及存在哪些可能的证明方法，制定法不够明确，而司法解释则较为散乱甚至有“越法”之嫌——如法律推定。然而，在制定法之外，为了“定案”，法官在实践中实际上运用了诸多未受制定

---

〔1〕 封利强：《理据：一个不可或缺的证据法学概念》，载《浙江社会科学》2019年第8期。

法规制的经验推论。[1] 这就造成一种矛盾现象:制定法上证明方法外延颇为狭窄,但制定法之外(司法实践乃至司法解释中)却存在诸多形式各异的证据形式与证明方法。

诚然,我国学者已经关注到我国法传统证据种类对证明体系的束缚,提出实质证据与辅助证据二分说、核心证据与补助证据二分说,开拓了不同于传统证据种类研究的新视角。前者的分类标准是:“在证明逻辑上看证据与待证事实之间是否具有‘生成’意义上的证据相关性:有,即为实质证据;无,则为辅助证据。”[2] 后者的区分标准即“证据与要件事实之间的疏密关系”,这种疏密关系的判断取决于二者是否具有直接、必然的联系。[3] 前者关注证明意义上的相关性,后者则拓展了证明对象的内涵与外延。两种学说在证据种类、证明机理上形成一定的共识:我国法中,“事实”“待证事实”“证据”“证明对象”等相关概念均是围绕实体事实(或要件事实)建构起来的,然而,证据印证之外还有诸多司法证明的空间。

上述学说的积极意义值得肯认,但对于我国证明困境之突破仍然有局限。首先,其积极意义在于重新考察待证事实的范围及类型,并重新界定证据的学理分类,以摆脱法定证据种类对证明方法的牵制,在一定程度上可以解释并有助于解决我国司法实践中的证明困难。其次,上述见解仍然仅仅局限于证据材料的外在形式,容易陷入列举不周延、分类标准不精确等诸多弊端。其仍把视野集中在证据材料本身,而未能从司法证明的视角考察证明方法。

---

〔1〕 考虑到“推定”概念本身及其概念体系的混乱,本书并不倾向于采用“事实推定”“法律推定”等概念。而是回归到法律论证理论层面,用“推论”这一较为纯粹、中立的概念来指称从前提推出结论的过程以及结构。

〔2〕 周洪波:《实质证据与辅助证据》,载《法学研究》2011 年第 3 期。

〔3〕 参见向燕:《论刑事综合型证明模式及其对印证模式的超越》,载《法学研究》2021 年第 1 期。

证明方法匮乏的证明困境的成因可能是多方面的，但归根结底在于我国制定法奉行客观真实的证明标准。该证明标准对证明方法的影响是“最为根本的”。[1] 传统上，我国刑事证明标准以追求事实认定准确性为制度性功能，奉行客观真实为最高甚至唯一目标，偏好客观化的证明方法。“证据之间互相印证”的证明规则契合了司法实务部门“增强证明标准可操作性”的诉求，实践中甚至异化出“证明标准印证化”的弊象。[2]

当然，这并非否定客观真实的重要性，而是主张将司法证明置于刑事司法体系的语境而非生活世界、历史语境、科学领地之中。通过刑事程序发现事实的过程，是一个回溯性的认识论过程，是一个用证据材料“建构”发生过的事实的过程，也是一个受制于证据规则与证明规则的规范性活动。证据本身并不是事实，证据命题本身有真假之别，而把证据命题归属于案件事实的过程中需要借助经验知识的推论作用。证据命题如何与案件事实建立联系，即如何将证据命题归属于案件事实——这个过程就是司法证明的基础过程。在这个意义上，在实现从证据到事实的跨越的过程中，形式或类型对证据材料证明功能的发挥并不是决定性的，甚至只是次要的。

如果不转变我国刑事证明标准的认识论基础，即便在印证证明模式中倡导“引入整体性叙事因素”[3]或者“增强法官心证”[4]，

---

〔1〕 周洪波：《中国刑事印证理论的再批判与超越》，载《中外法学》2019 年第 5 期。

〔2〕 如参见吴洪淇：《印证的功能扩张与理论解析》，载《当代法学》2018 年第 3 期；王星译：《“印证理论”的表象与实质——以事实认定为视角》，载《环球法律评论》2018 年第 5 期等。

〔3〕 向燕：《论刑事综合型证明模式及其对印证模式的超越》，载《法学研究》2021 年第 1 期。

〔4〕 蔡元培：《论印证与心证之融合——印证模式的漏洞及其弥补》，载《法律科学（西北政法大学学报）》2016 年第 3 期；另参见龙宗智：《刑事印证证明新探》，载《法学研究》2017 年第 2 期；朱锡平：《融合心证：对证据印证证明模式的反思》，载《法律适用》2015 年第 2 期等。

仍无法卸除法定证据种类与客观真实之证明标准之间的“错位捆绑”。诚然，2012年《刑事诉讼法》修改时在“证据确实、充分”项下增加了排除合理怀疑的要求，但如何发挥其在证明标准中的作用、如何通过其拓展证明方法的外延，进而改进刑事证明体系的合理性，仍值得学术界深入研讨。[1]

二、司法证明的认识论转型：从确定式证明到似真性证明

司法证明是控辩审三方同时参与但又各司其职的认识论活动，其最终呈现为法官为履行裁判义务而作出的事实认定，并以此为基础适用法律。结构上，司法证明属于一种经验推论；性质上，司法证明是解释性的，而非概率性的。事实认定特指法官或陪审团等事实认定者听审之后，综合全案证据对本案罪责事实的规范判断。在这个意义上，事实认定是司法证明活动的“终端环节”；控辩双方庭审上的证明活动则是事实认定的基础；司法证明活动旨在为裁判者认定事实提供认知性信息来源。

（一）司法证明具有或然性

英美证据学领域曾经开展过一场围绕“司法证明的性质”这一主题的论争，并形成了贝叶斯狂热主义派和贝叶斯怀疑主义者两派学术阵营。“新证据学派”（New Evidence Scholarship）[2]倡导贝叶斯概率式证明观，即司法证明是概率性的、可计算的。[3]

---

〔1〕 我国已有学者关注到，排除合理怀疑在远期前景上可以改变我国刑事证明方式。参见王戬：《论“排除合理怀疑”证明标准的中国意义》，载《华东政法大学学报》2015年第6期。

〔2〕 [美] 罗杰·帕克、[美]迈克尔·萨克斯：《证据法学反思：跨学科视角的转型》，吴洪淇译，中国政法大学出版社2015年版，第65~89页。

〔3〕 Stephen E. Fienberg & Mark J. Schervish, *The Relevance of Bayesian Inference for the Presentation of Statistical Evidence and for Legal Decisionmaking*, 66 B. U. L. Rev. 771 (1986); Eric D. Green, *Forward*, *Probability and Inference in the Law of Evidence*, 66 B. U. L. Rev. 377 (1986).

贝叶斯概率式证明理论在相当长时间内是主流学说之一，并被封为证据学跨学科研究的典范。与该理论针锋相对的是以故事模式[1]、相对似真理论[2]等为代表的反贝叶斯学派。该流派吸纳了C. S. 皮尔斯的溯因推理（abduction，又译设证推理）[3]，并把比较、解释等推理要素引入司法证明与事实认定之中。

司法证明本质上是一种经验性推论。[4] "根据'证据之镜'原理，事实认定是对控辩双方所主张的事实之存在可能性进行经验推论的过程，经过审判而认定的事实，是经验推论的结果或'思想产品'。"[5]证据是一种命题，证据性事实并不等于案件事实。证据并不等于事实，但其上附着的命题，是用来指向本案事实的，而证据命题如何与案件事实建立连接呢？这中间就需要推论的作用，只不过该推论有一个隐藏的大前提，即经验知识。换言之，证据借助经验推论起到证明作用，而司法证明在结构上就是从前提到结论的经验推论。

在司法证明的语境中，经验推论可以表现为多种形式：其一，

---

[1] Nancy Pennington & Reid Hastie, *Explanation – Based Decision Making: Effects of Memory Structure on Judgment*, 14 J. Experimental Psychol. Learning Memory & Cognition 521 (1988), p. 528 – 530; Nancy Pennington & Reid Hastie, *A Cognitive Model of Juror Decision Making: The Story Model*, 13 Cardozo L. Rev. 519 (1991), p. 519 – 521.

[2] [美] 罗纳德 · J. 艾伦：《论司法证明的性质：作为似真推理工具的概率》，汪诸豪、戴月、柴鹏译，载《证据科学》2011 年第 6 期；[美] 罗纳德 · J. 艾伦、[美] 迈克尔 · S. 帕尔多：《相对似真性及其批评》，熊晓彪、郑凯心译，载《证据科学》2020 年第 4 期。

[3] 参见[加] 道格拉斯 · 沃尔顿：《品性证据：一种设证法理论》，张中译，中国人民大学出版社 2012 年版，第 65 ~ 68 页；另见[美] 特伦斯 · 安德森、[美] 戴维 · 舒姆、[英] 威廉 · 特文宁：《证据分析》（第 2 版），张保生等译，中国人民大学出版社 2012 年版，第 75 ~ 76 页。

[4] 张保生：《事实、证据与事实认定》，载《中国社会科学》2017 年第 8 期。

[5] 张保生：《刑事错案及其纠错制度的证据分析》，载《中国法学》2013 年第 1 期。

"证据"作为一种规范性命题,以归纳所得的经验知识为前提推导出结论(证据性事实),是由法律创设的、具有法律效力的推论。其二,(可推翻的)法律推定是法律创设的、证据之外的推论方法,即从基础事实(而非推定事实)到证据性事实的推论过程。其三,在制定法上没有证明方法之实的"事实推定",内显于法律人(尤其是事实认定者)认知思维之中。这三种形式的推论在结构上都是从前提推出结论的过程,旨在建立证据命题与案件事实之间的关联性。但差别在于推论所依据的知识基础(大前提)的盖然性程度有所不同。影响事实推定可靠性与否的因素至少有二:其一,推定其所依据的大前提,即背景知识来源的可靠性,这取决于经验判断;其二,从大前提得出结论的推论过程是否可靠,即是否符合常识和理性。比如,公理、定理等因可靠性受到科学性的保障,而属于不需要用证据证明的免证事项;科学证据多呈现似然比的形式,其亦可用于推导出"专门性问题"。

(二)事实认定具有似真性

事实认定具有似真性(plausibility),经过司法证明所认定的事实并不等于客观事实。首先,如前所述,司法证明具有或然性,即证据命题的真假判断具有模糊性和不确定性,原因在于,其推论前提是归纳所得的经验知识,其并不具有必然性和唯一性,而从前提到结论的推论过程又可能蕴含不理性因素。概言之,证据与事实之间的鸿沟尽管可以跨越,但是并不能完全消弭。其次,司法证明活动受制于(尤其是非认识论意义上的)证据规则与程序规则,均包容立法的价值衡量,以此为基础的事实认定具有规范性。

通过司法证明所认定的事实就是法官内心确信为真的事实,法官对判决结论的证成以对事实假说的接受为基础。诉讼认识论上所探究的证明标准关注的其实是现象的有无,[1]其本质是“裁判者在案件审理终结后对案件事实形成的信念尺度,是做出有罪或无罪判决的行为动机”。[2] 换言之,事实认定的证明标准是“真的合理的可接受标准”。[3]

在司法实践层面,裁判者在个案中势必面临证据短缺、事实模糊,需要“决断”的具体情境。这意味着,裁判者面临“疑罪”时可能要作出价值选择,而价值选择背后潜藏的风险是,如果裁判错误——错判无辜或者错放有罪,均可能使刑事司法体系丧失实体公正或者程序公正。在可能错放有罪或者可能错判无辜之间如何价值衡量,是一个关乎司法正义、政治正义、道义的根本问题,不能由法官在个案中诉诸个人价值选择,而应当由立法通过制定法作出“选择”。[4] 在这个意义上,对于疑罪从无、存疑时有利于被告所蕴含的价值判断,裁判者并没有适用或不适用的自由裁量权——换言之,是不能够自由心证的。从裁判者主观认知的心理作用这一角度出发,事实认定是裁判者判断是否满足定案标准的过程,而不是完全凭借裁判者的生活常识作出判断。证明标准的作用就可以起到指引裁判者自由心证,并防止裁判者个人恣意论断的功能。

---

〔1〕 参见周洪波:《刑事定罪证明标准类型的哲学辨析》,载《国家检察官学院学报》2016 年第 5 期。

〔2〕 刘晓丹:《刑事证明标准的维度分析》,载《中国刑事法杂志》2016 年第 3 期。

〔3〕 张继成:《诉讼证明标准的科学重构》,载《中国社会科学》2005 年第 5 期;另参见何邦武:《“综合认定”的应然解读与实践进路》,载《河北法学》2019 年第 8 期。

〔4〕 参见[美]亚历克斯·斯坦:《证据法的根基》,樊传明、郑飞等译,中国人民大学出版社 2018 年版,第 15 页、第 19~20 页。

证明标准的功能在于分配价值选择之后可能的错误风险。[1] 在比较法史上,证明标准一直承担着分配裁判错误的功能。普通法系中的世俗法官在认定事实作出裁判时,内心面临宗教与道德上的双重负担,合理怀疑作为一种道德慰藉机制,为其提供了“安全之道”。[2] 在欧陆职权制语境中,法官内心确信(自由心证)的形成依赖常识与理性,在遭遇实体事实不清时,诉诸存疑时有利于被告的裁判规则。[3] 这些原则与规则均是立法价值选择的结果。

我国刑事证明标准没有发挥裁判错误分配机制的功能,却又与司法责任制产生错位的勾连,进而禁锢了裁判者的心证自由。在刑事裁判领域,错案追究制度和司法责任制无疑是法官头上的“达摩克利斯之剑”。裁判者的独立品格并没有得到应有的尊重,缺少释放理性与自由的内在动因。[4] 是故,客观主义传统下的裁判者亦习惯于求助精致化的客观标准。司法解释通过制定规则把本应属于法官自由心证主观判断的因素“确定”下来,而法官适用时直接援引规则亦可减轻甚至卸除其解释论证的负担。这种客观化路径反而成为一种“错案责任的转移机制”。

我国法应当把证明标准从确保事实认定准确性的“错位功

---

〔1〕 对合理怀疑或证明标准的错误分配机制的分析论证,参见[美]拉里·劳丹:《错案的哲学:刑事诉讼认识论》,李昌盛译,北京大学出版社 2015 年版,第 74 页。另见李昌盛:《证明标准因何而设》,载《学术界》2020 年第 7 期;李昌盛:《证据确实充分等于排除合理怀疑吗?》,载《国家检察官学院学报》2020 年第 2 期。

〔2〕 合理怀疑作为道德慰藉机制的功能,参见[美]詹姆斯·Q. 惠特曼:《合理怀疑的起源——刑事审判的神学根基》,佀化强、李伟译,中国政法大学出版社 2016 年版,第 13 ~ 40 页。

〔3〕 参见林钰雄:《刑事诉讼法实例解析》(第 2 版),台北,新学林出版股份有限公司 2019 年版,第 4 页。

〔4〕 如有论者准确地指出,我国法官长期以来诉诸“规则依赖”“机构依赖”“制度依赖”以逃避独立裁判,进而倡导修改司法责任制中的相关条款。如参见佀化强:《事实认定“难题”与法官独立审判责任落实》,载《中国法学》2015 年第 6 期。

能"中解脱出来,发挥其裁判错误分配机制的功能。在证明标准的范畴之下,疑罪从无作为裁判规则的作用进而也得到彰显。[1]这种剥离不仅可以使裁判者免受其因主观判断导致错误裁判的负担,也可以防止其诉诸个人价值判断恣意裁判,滥用自由心证。如此,方能促使法官更加纯粹且集中地用证据认定事实,运用常识与理性判断证明标准是否达到。

三、论证式司法证明观之倡导

事实以陈述或者命题的方式呈现,进而证据也只能是以命题或者主张的方式呈现。司法证明活动旨在跨越证据与事实之间的鸿沟,事实认定作为司法证明活动的终端,是裁判者对所建构的"事实"的确信。事实认定如欲为裁判者内心接受为"真",则需经阐明而彰显,并需对其正当性予以论证,即对事实认定的正当性论证,本章将其称为"事实证成"。

(一)事实认定的正当性论证

在法治国家的语境中,法官不再依赖于形式的权威作出裁决,而是要承担正当化裁决的责任,即证成裁决的责任。[2] 一般而言,裁决包括案件事实的认定以及法律规范内容的阐释,但事实与规范并不总是可以清楚地二分的,反而是错综复杂的。但需要肯认的是,事实认定是法律适用的前提,是整个法律推理与论证的基础。事实认定的正当性甚至决定了法律适用乃至法律推理的正当性。

法理学上通常认为,法律推理要实现形式正义与实质正义的

---

〔1〕 参见王星译:《反思疑罪从无及其适用》,载《环球法律评论》2015年第4期;另见郭华:《我国疑罪从无的理论省察及规则重述》,载《政法论坛》2021年第1期。

〔2〕 参见[芬兰]奥利斯·阿尔尼奥:《作为合理性的理性:论法律证成》,宋旭光译,中国法制出版社2020年版,第8~9页。

统一,形式正义即从前提到结论的推论的形式上的正当性;而实质正义则是大小前提以及推论结果的正当性。[1] 根据阿列克西的法律论证理论,法律论证的内部证成即从前提到结论的推导的正当性,外部证成即前提的正当性。[2] 法理学者通常较为关注的是对大前提的论证(如制定法、经验为大前提的找法论证),对于事实小前提的外部证成则关注较少。

诚然,在法律论证理论中,法律推理中的一个重要环节即“事实归属论证”,[3]但该说的立足点仍然是法律论证,而非以事实与证据为视角的考察在司法证明过程及活动中,作为“小前提”的“本案事实”——经由证据而可归属于实体法要件事实,仍然需要微观考察。我国证据法学者亦指出:“以往关于法律推理的研究都只关心法律适用中的实质推理问题,而忽视事实和事实认定的研究。事实认定的正当理由问题更无人问津。”[4]通过司法证明程序证成事实,是证据法学者的“法理学使命”,也是对部门法法理化的一个回应。[5]

司法证明程序中,“找事实”是一个复杂的认识论过程,涉及证据、事实以及如何跨越证据与事实之间的鸿沟,更重要的是,如何将用证据建构的事实与实体法要件事实“等同”——证成对所认定事实形成的内心确信。事实认定是通过建立证据性事实与案

---

〔1〕 法律论证的二阶论证理论认为,“内部证成涉及从既定前提到结论进行推导的逻辑有效性问题,外部证成则关涉前提本身的正确性问题。”参见王彬:《逻辑涵摄与后果考量:法律论证的二阶构造》,载《南开学报(哲学社会科学版)》2020 年第 2 期。

〔2〕 参见[德] 罗伯特·阿列克西:《法律论证理论:作为法律证立理论的理性论辩理论》,舒国滢译,商务印书馆 2019 年版,第 221 页、第 270 页。

〔3〕 参见黄泽敏:《案件事实的归属论证》,载《法学研究》2017 年第 5 期。

〔4〕 张保生:《事实认定及其在法律推理中的作用》,载《浙江社会科学》2019 年第 6 期。

〔5〕 参见张文显:《法理:法理学的中心主题和法学的共同关注》,载《清华法学》2017 年第 4 期。作者提出“部门法学研究的法理化”这一命题。

件事实的关联,将证据性事实归属到实体法构成要件事实上,并对这种归属进行论证的理性活动。司法证明中的“事实归属”先于法律论证意义上的“案件事实归属”,其是对“案件事实归属”要件的“案件事实”的证成,是将证据性事实归属于案件事实的过程,即“证据性事实的归属论证”。

事实证成理论视角下的证明采广义,并不侧重结果意义上的证明责任,而重在考察庭审中控辩双方的言词性证明行为。之于控方,即控方指控证明;之于辩方,则为辩方辩护权之履行。通常可以有两个层面:一是控辩双方当事人的立场与视角下的沟通式论证。具体又可分为两种方式:局部论证,即当事人就证据命题的真伪辨识,提出支持己方或反驳对方证明主张;全局论证,即控方就己方证明体系是否以及如何归属于实体法构成要素,排除合理怀疑,辩方则就对方指控体系是否以及如何归属于实体法构成要素提出合理怀疑。二是裁判者立场与视角下的裁断式论证。裁断式论证旨在判定诉权是否存在,并对本案作出实体裁决——以裁判者确信其所认定事实为真为必要,该确信经过正当性论证方具有可接受性。

比较法上,事实证成存在两种模式:通过庭审程序的事实证成与通过阐明裁判理由的事实证成。对抗制陪审团事实认定并不需要阐明理由,而仅需要作出有罪无罪的“笼统判决”(general verdict),这导致英美法裁判者并不注重对事实认定的裁判证成。对抗制通过证据筛选机制与程序竞争机制,把控进入陪审团视野的证据信息,但陪审团认定事实基本符合日常生活叙事的认知结构与思维过程。相较之下,职权制司法传统中,大前提与小前提、从前提到结论等推理环节均需要证成。欧陆制事实认定活动在程序上呈现法官依法履行实质真实发现义务的证据调查行为;在裁判时则体现法官内心确信。自由心证受制于经验法则,并负担说理论证义务。我国当前正推行裁判文书说理制度的贯彻落实,但其作为一项技术性操作被倡导,仍未给裁判者如何说理论证提出方法论,也没有提供事实认定的正当性来源。

(二)事实证成的二阶性

二阶证成理论以司法证明的或然性、事实认定的似真性为认识论基础,该理论认为,司法裁判从以下两个方面进行证成,方具有合理的可接受性:其一,对本案证据所建构的事实形成确信,即“确信其为真实”;其二,所确信为真的事实符合制定法上的证明标准。前者即似真性论证,即经司法证明所认定的事实的似真性,事实认定的准确性是法律适用的前提,也是司法裁判的基础。似真性论证需要同时诉诸证明方法的手段与事实确信程度的目的,手段与目的也在似真性论证的过程中实现统一。后者即规范性证成:刑事证明标准的规范性功能,即面临可能的裁判错误时,剥离法官个人判断的道德负担,诉诸无罪推定的证明标准以及疑罪从无(或存疑时有利于被告)的裁判规则作出价值选择。[1]

值得说明的是,“二阶事实证成”并不是本章“新创”的学术概念,其是在教义学体系内对司法证明与事实认定的诠释,以此为基础,将其提炼成一种理论分析框架。就具体的正当性来源,学术界存在不同见解。新加坡学者何福来认为,考察事实认定者评议过程的核心议题是正当性理由问题,而正当理由有认识的(epistemic)和道德的(ethical)两个互相依赖的方面,即真相与正义;而一项肯定性裁决或认定必须在这两个方面均“可辩护”(defensible)。[2] 我国有学者认为,事实认定的正当性来源主要有两个:

---

〔1〕 参见马莉、何邦武:《证明程度在民国时期的学理演进及启示》,载《中南大学学报(社会科学版)》2020 年第 3 期。作者指出,“国内有关证明程度理论的研究没有将其与自由心证、举证责任等有关诉讼证明的理论一体化,使证明标准的理论成为独立于自由心证的理论体系,是更为根本的原因”。

〔2〕 参见[新加坡]何福来:《证据法哲学——在探究真相的过程中实现正义》,樊传明、曹佳、张保生等译,中国人民大学出版社 2021 年版,第 69 页、第 97 页。

求真与求善。所谓“求真”，即通过寻求真相的证据推理，获得被证成的真信念；所谓“求善”，即对公正、和谐与效率等社会价值的衡量。[1] 还有学者认为，证据推理层面也存在二阶价值判断：“为证据规则所明示的、规范事实认定过程的法律价值判断，是证据推理之际需遵循的一阶价值判断。公正、权利保护、效率等基本法律价值以及法官的道德信念，是解决实施真伪不明问题和评估可能性概率的二阶价值判断。”[2]

以上见解的共同特征就是忽略了证明标准在事实证成中的重要地位。其一，何福来所探讨的是整体意义上事实认定活动，并没有对证明方法、证明程序、证明标准等进行微观考察，这与西方刑事司法传统与建制有关。比如，对抗制通常并不限制证明方法，控辩双方的证据论是陪审团认定事实的信息来源；欧陆制则通过内心确信及其约束机制确保法官事实认定的正当性。其二，张保生的“求真求善”理论中，“求真”自不待言，即事实认定的准确性是裁判正当性的基础与核心。但是“求善”，即案外因素的价值判断，属于法律论证层面。公正、和谐、效率等社会价值是法律之外的因素，在事实认定层面、法律适用层面都不宜作为第一位次。[3]

更重要的是，在“求真求善”的过程中，没有恰当考虑证明标准的功能如何发挥。陈林林的证据推理的二阶价值判断学说混淆了证据推理与证明标准的关系，证据推理是事实认定的认识论过

---

〔1〕 参见张保生：《事实认定及其在法律推理中的作用》，载《浙江社会科学》2019年第6期。

〔2〕 陈林林：《证据推理中的价值判断》，载《浙江社会科学》2019年第8期。

〔3〕 参见印大双：《如何刻画法律推理中的事实与规范》，载《政法论丛》2014年第6期。作者指出，“法官在循环往复的思维考察过程中，既需要借助于实务经验和逻辑推理，也需要运用法律解释技术，还需要作出价值判断。这种往返流转必须以客观的法律真实与实体法上的法律条文为依据和前提来进行，法官通常不得突破法律条文的文义范围，而必须在可能的文义范围之内进行价值判断，不能随意进行所谓的自由裁量”。

程，并不涉及证明标准；若事实真伪不明，则应当诉诸排除合理怀疑的证明标准、无罪推定的证明责任分配机制以及存疑时有利于被告（我国法中的疑罪从无）的裁判规则，而不是诉诸抽象的法律价值以及法官的道德信念。换言之，价值衡量以及道德判断并不是法官可“自由裁量”的范围，而应当由立法予以明确规定。至于可能性概率的评估，即证明力高低的评估，属于事实认定者自由心证的范围，诉诸常识与理性的普通判断力，并受制于经验法则。

我国本土语境中，证明标准对证明方法乃至证明程序的影响无疑是“最为根本性的”。[1] 我国传统的刑事司法体系奉行的是确定性证明的理念，证明标准以保障事实认定准确性为制度功能，而证明方法则倾向于客观化的证据印证。这种规范体系限缩了证明方法的外延，压抑了法官常识与理性的自由判断力，二者合力加剧了司法实践中的“证明困难”。面对这一实践困境，印证证明理论暴露了其理论缺陷与不足：无法清晰揭示司法证明的结构，不能准确诠释事实认定的运作，更是混淆了证明方法与证明标准。

事实认定的二阶证成理论澄清了证明方法与证明标准的关系，并将二者统一于事实证成活动，开拓了印证证明模式之外的另一个理论领地。证明方法与证明标准不应混同，既要防止证明方法扩张甚至异化证明标准，也要承认证明标准对证明方法的影响。证明方法与证明标准分立且统一。在似真性证明标准之下，司法证明的方法是多元的。证据只是用于证明案件事实的一种方法，或者说是一种“法定方法”或者“规范方法”。除了证据印证之外，司法证明还包容其他证明方法，如情理推断、常识判断。这些“非常规”的证明方法并不是创新性的，而是一直存在于普通人思维之中的。对于专业裁判者而言，其在司法体系中的制度角色被得

---

〔1〕 参见周洪波：《中国刑事印证理论的再批判与超越》，载《中外法学》2019 年第 5 期。

到过多得强调，反而掩盖了其作为普通人的角色。事实认定活动恰恰需要裁判者普通人角色的回归以及普通判断力的回归。

事实证成理论可以阐明证明标准在事实认定过程中的认知运作，将心证过程外显为论证活动，可以破除裁判者自由心证“操作黑箱”的偏见，增强裁判的公开性、正当性与可接受性。证成事实的裁判认知活动至少有以下三个方面：第一，证据事实与案件事实的关联性论证。首先是对相关性的阐明，而相关性规则旨在保障事实认定的准确性。第二，案件事实与法律事实的关联性论证。案件事实与法律事实的关联性在于：案件事实是实体法构成要件中规定的关键性事实（实质事实）。第三，以前两个步骤为基础，形成把案件事实归入法律事实的确信——小前提的证据性事实与大前提中抽象的法律事实契合。

事实证成理论对司法证明程序采取整体观察的宏观视角，将证明标准的抽象特征及其所蕴含的主观判断通过与其他程序机制的互动得以消解，从而卸除裁判者内心的道德负担。第一，排除合理怀疑与无罪推定这个证明责任分配机制的互动。第二，排除合理怀疑与证明程序的互动，尤其是辩方的证据性与程序性论辩机能的发挥。第三，排除合理怀疑与我国法疑罪从无（欧陆法存疑时有利于被告）的裁判规则互动，把法官从价值选择否认道德困境中解脱出来，专注于发挥常识与理性自由地对事实形成内心确信。

四、事实证成的程序面向

事实证成是以程序为面向的。[1] 证据命题的真假，立场相对

---

〔1〕 证成活动都具有程序性，法律证成（内部证成与外部证成）亦如此。参见［芬兰］奥利斯·阿尔尼奥：《作为合理性的理性：论法律证成》，宋旭光译，中国法制出版社2020年版，第163～164页。

的控辩双方可能会有不同的、竞争性的解释，裁判者如何形成对事实的内心确信，也是开放性的。[1] 在事实证成的程序中，控辩双方通过言词辩论的形式提出支持己方或者消除对方的解释。根据事实证成理论，经验推论隐藏的前提以及推论结构并不是“不言自明”的，通过这种推论在证据命题与案件事实之间建立的联系也不是必然可靠的。是故，需要通过证据论辩揭示被隐藏的前提以及推论结构，并检验其推论结果的可靠性。在法官适用证明标准认定事实时，在常识判断的经验性、制度的规范性（尤其是程序规则）等共同作用之下，可能会加深“认知偏差”，甚或导致自由心证的滥用。[2] 控辩双方通过证据论辩程序，揭示大前提以及推论结构，检验其可靠性，从而可以校正裁判者潜在的认知偏差，以影响其对事实的确信程度。

需要澄清的是，上述证据论辩并不是英美当事人主义式的对抗制。对抗制下，控辩双方“沟通”倾向于促进合意之达成。这符合对抗制形式真实发现模式，但与我国实质真实发现的诉讼目的与构造并不契合。我国《刑事诉讼法》中的真实发现并不受控辩双方的约束，而是要求法官承担职权调查义务。真实发现是外在于控辩双方，而借助中立的法院内在于刑事程序的。因此，我国法要关注的应当是如何最大限度拓展法院认定事实时的心理认知，并且让这种心理认知尽可能地似真。

事实认定的正当性论证需要通过庭审程序予以呈现，即“通过程序实现证成的可视化”。程序具有开放性、参与性，其独立性的直观表现就是为诉讼参与主体提供公开的、透明的场域，为控辩双方提供理性论辩的平台，并为裁判者提供认知开放的信息来源

---

〔1〕 协同型事实认定模式与竞争型事实认定模式，参见尚华：《事实认定模式与我国刑事防错机制的完善》，载《环球法律评论》2017 年第 3 期。

〔2〕 体制异化可能导致裁判者认知偏差的研究，参见元轶：《庭审实质化压力下的制度异化及裁判者认知偏差》，载《政法论坛》2019 年第 4 期。

渠道。尽管事实认定活动最终是由司法权主导的，但是为认定事实而开展的诉讼证明活动则是通过主体间积极、理性的互动得以完成的。反过来，理性沟通的程序为事实认定提供手段正当的证成。

以理性沟通为基础的证据论辩程序对我国法而言格外重要。传统的印证证明模式下，可能存在辩方与控方证据信息不对称、证据手段/证明方法不对等以致控辩失衡。我国刑事庭审中的证明活动整体上是以公诉权为主导的，庭审活动中辩方可能参与不够充分，缺少竞争性论辩色彩；有时甚至出现裁判行为与庭审活动割裂。尤其是在认罪认罚从宽制度广泛、深入推进的实践背景下，"司法合意"或"司法协商"可能会淡化程序所固有的对话、参与性价值，消解司法证明乃至事实证明的论证性。

五、社会科学证据的"规范性"身份

社会科学证据在我国刑事司法体系中的存在空间是"解释性"的。主要原因在于我国法定证据种类、鉴定管理体制、立法式司法解释等制度语境中，新形式的证据材料如欲获得立法上的"证据身份"，需要修改《刑事诉讼法》（如 2012 年《刑事诉讼法》增加电子数据作为新的证据种类）。这意味着，面对司法实务部门遭遇的证明方法匮乏等证明困境，需要首先诉诸法教义学解释方法，在制定法的框架内进行建构式体系解释。这就是法学研究者们的首要任务，也是证据法学理论体系建构的基础要义。

社会科学证据可归属为哪一种证据种类，或者将其首先归为某一种证据种类方能探讨其司法证明问题，诸如此类学术研究的"初始性"问题，实际上都是次要的。这种思维方式仍然未摆脱静态上的、形式主义的证据概念之争，而枉顾了司法证明的结构与机理这一本真问题。是故，社会科学证据如在我国刑事司法体系中成为可能，需要首先从司法证明认识论这个基础层面入手，重新审视“诉讼中的事实”与“法官视角下的事实认定”。

由此可知，存在证明方法匮乏、证明标准“缺少可操作性”、印证证明有时“难以定案”等证明困境的主要原因在于我国制定法以及传统法学理论对司法证明的本质与功能的界定存在偏差，而根源则在于：长期以来，追求客观真实的司法证明观统辖之下的证明标准压抑了法官作为道德主体的常识与理性之发挥，自我异化为“实质证据之间互相印证方能定案”的“潜规则”，证明方法的外延被大大地限缩了。尽管制定法如此，但实务部门逐渐发现了印证证明在认定事实方面的缺陷，从而在《刑事诉讼法》之外拓展了证明方法的外延——前文所论形式各异的“鉴定”、没有鉴定机构的检验报告、事故调查报告、社会调查报告等均是例证。制定法与司法解释（或司法实践）在合法性与正当性方面产生某种亟待缓和的张力。

第四章　社会科学证据的制度基础
——专门性问题解决方法的整合模式

一、现行法“专门性问题的解决”的分散模式

2021 年《刑诉解释》规定报告与事故调查报告可以作为证据使用,并可以作为定案的根据,给广泛意义上的社会科学证据的采纳提供了可能。我国现行法对专门性问题的解决呈现分散模式。这种分散性体现在两个方面:一是法源的分散性,即“分散式立法”,相关规定散见于不同效力层级的法律文件中,而司法解释在某种程度上效力甚至“高于”《刑事诉讼法》。二是具体解决方法的分散性。目前我国法中大概有三类证据:鉴定意见、鉴定机构的报告、事故调查报告。

(一)分散模式忽视了鉴定意见与报告类证据在证明上的同质性

以自然科学知识、技术、原理为基础的鉴定意见(包括 2013 年《刑诉解释》中的检验报告在内,但司法精神病鉴定除外)与非鉴定意见的报告证据与事故调查证据,在证据与证明的视域中,并不存在本质的差别。换言之,鉴定意见与社会科学证据在证明上具有同质性,二者均呈现为专家意见(事实与意见相区别;事实证人与专家证人相区别;外行意见与专家意见相区别),且均需要借助意见证人对专门知识的应用。二者解决专门性问题的证据方法都是靠“专家”(与诉诸常识判断与情理推断的事实认定者不同)。

反而,我国《刑事诉讼法》与司法解释所呈现的分散模式实际

上割裂了专门知识及专家意见的整体性。当然,这并不意味着区分自然科学证据与社会科学证据并无必要;相反,如前文所述,自然科学与社会科学范式不同,决定自然科学证据与社会科学证据用于证明的方式不同,其与待证事实之间的关联性也不同,其证明力高低也有所差别。但这些不应当成为证据资格层面的差别,而是证据可信性的差别。二者仍同属于专家意见的范畴,因此具有同质性。

如果把2021年《刑诉解释》对报告证据与事故报告证据的相关修改看成有专门知识人的意见证言的整合,那么其中可能算作遗憾的就是:其一,该解释将报告证据与事故报告证据列在“鉴定意见”一节,并未与我国法鉴定意见相区别,容易造成概念的混淆。其二,不宜将报告证据与事故调查报告证据并列,因二者实属包含关系,即前者可以包含后者。有专门知识的人所作报告,并不局限于可检验的自然科学技术类报告,还可以包容社会科学类报告。而事故调查报告恰恰是一种典型的社会科学类报告。

(二)分散模式忽略了刑事证明的整体语境

1. 在认定事实时,法院应穷尽证据方法,[1]对于超出常识与情理推断的专门知识,首先宜应诉诸包括鉴定人在内的“专家”,但鉴定事项之外的专门知识之解决亦有诉诸专家的必要。原因在

[1] 穷尽证据方法是“罪疑唯轻”原则对法院的要求。参见林钰雄:《刑事诉讼法实例解析》(第2版),台北,新学林出版股份有限公司2019年版,第4页。

于:实质真实发现的诉讼目的与构造下,[1]法院承担职权调查义务,发现实质真实。[2] 相较之下,我国《刑事诉讼法》的粗疏立法以及司法解释的应对式“立法”对诉讼证明的制度语境欠缺足够充分的考量,仅片面地考虑到了严格证明意义上的狭义证据裁判原则,而忽略了为诉讼证明的需要如何认定和证成与裁判相关的事实这个根本性问题。

2. 我国法上的证据筛选机制是一种“终端式控制”,即并不单独、事先通过证据能力规则判定证据资格,而是在法院裁判——具体而言是事实认定环节,判断其是否可以作为定案的根据。我国法定案根据模式不同于欧陆法整体式证明、英美原子式证明[3],而是一种混合了证据能力与证明力、相关性与可采性的事后的、全局性的综合判断。[4] 而终端筛选的诸因素既包含程序原因,也包含证据原因;既有形势判断,也有事实判断;既有程序判断,也有实

---

〔1〕 实质真实发现是欧陆法职权主义的显著特征,也为我国《刑事诉讼法》所接受。参见张建伟:《证据法要义》(第2版),北京大学出版社2014年版,第61~64页;张建伟:《从积极到消极的实质真实发现主义》,载《中国法学》2006年第4期。另外,欧陆法的实质真实发现发展出新内容,即形成了一种“新职权主义”,参见施鹏鹏:《“新职权主义”与中国刑事诉讼改革的基本路径》,载《比较法研究》2020年第2期。

〔2〕 参见林钰雄:《刑事诉讼法》(上)(第9版),台北,新学林出版股份有限公司2019年版,第59~62页。

〔3〕 参见[美]米尔吉安·R. 达马斯卡:《比较法视野中的证据制度》,吴宏耀、魏晓娜等译,中国人民公安大学出版社2006年版,第68~69页。以此理论模型分析我国证明模式的研究,参见谢澍:《迈向“整体主义”——我国刑事司法证明模式之转型逻辑》,载《法制与社会发展》2018年第3期;谢澍:《反思印证:“亚整体主义”证明模式之理论研判》,载《华东政法大学学报》2019年第3期等。

〔4〕 参见纵博:《“不得作为定案根据”条款的学理解析》,载《法律科学(西北政法大学学报)》2014年第4期;董坤:《证据、定案的根据:论刑事证据的概念——对〈刑事诉讼法〉第48条的解释》,载《西南民族大学学报(人文社会科学版)》2015年第12期;吴洪淇:《刑事证据审查的基本制度结构》,载《中国法学》2017年第6期。

体判断。

3. 刑事诉讼法体系的一致性。如果按照严格的法解释学，司法解释对《刑事诉讼法》的突破均缺少合法性依据。《刑事诉讼法》立法尤其是围绕证据的立法密度严重不足，甚至对证据法基础性问题缺少明确规定，这种粗放的、模糊性立法给司法实践带来诸多操作性难题，亟须司法解释予以回应。我国刑事诉讼法学研究对证据法体系问题缺少关注，对立法论的偏好致使基础研究的薄弱，教义式解释（体系性解释）的研究方法尚未发展成熟。最高司法机关在总结实务经验的基础上，“突破”《刑事诉讼法》之规定来回应实践诉求，这在我国刑事司法体系中既是现实存在的，又是必要的。

专门性问题如何解决的难题，源自我国《刑事诉讼法》中法定证据种类的保守主义。学界普遍认为证据种类阻碍了学术理论的深入开展，并铸成与域外证据法比较研究的壁垒，是促成司法解释突破《刑事诉讼法》的“根源”。除了鉴定意见以及辅助质证的有专门知识的人之外，2012 年以来，多部司法解释及其他规范性法律文件多次在不同场景中，突破了《刑事诉讼法》第 50 条（证据）、第 146 条（鉴定）的规定：第一，2013 年《刑诉解释》规定了鉴定意见之外的检验报告，可以作为定罪量刑的参考。第二，2018 年《一审法庭调查规程（试行）》中规定，专家辅助人可以对鉴定意见提出意见或对专门性问题提出意见。第三，未成年社会调查报告可以作为办案和教育的参考。第四，如前所述，2021 年《刑诉解释》中检验报告与事故调查报告可以作为证据使用，经过查证属实的则可以作为定案的根据。

对此，下文尝试提出将专门问题的解决整合为“统一证据方法”，即专家意见，而该统一证据方法可以包含不同证据形式的

"多元呈现方式",[1]可以是鉴定意见、检验报告、事故调查报告、各类价格/会计等评估等。不仅如此,该统一证据方法还摒弃了自然科学知识与社会科学知识的隔阂,而是将其包容为解决专门性问题的不同范式。除了以自然科学知识为基础的专家意见以外,社会科学知识也可以成为专家意见。

二、整合模式的实现路径

(一)理论前提:厘清司法鉴定与证据的关系

2018年《刑事诉讼法》第146条被认为是刑事诉讼法关于刑事鉴定的基础性规定。该条主要涉及:其一,专门性知识与非专门性知识的界分,这在我国司法鉴定管理体制下可以等量代换为可登记核准的鉴定事项;其二,有专门知识的人在刑事诉讼中的身份;其三,鉴定活动本质上是具有公共性或公权力属性的"准诉讼行为"。这三个问题具有牵连性。

首先,专门性问题与专门知识分别如何界定? 实际上,法院作为裁判者与司法行政部门作为管理者,其职责、视角是大有不同的。法院视角是事实认定,而司法行政管理部门的视角则是管理上的便利。理论上,在个案裁判中,法院承担真实发现的义务,其有适用证据方法认定事实的职责,此为实质真实发现主义之下法院的职权调查义务。故此,其对于专门性问题与专门知识的界定有"优先决定权"。故此,本书认为,作为原则性规定,为妥当行使

---

[1] "鉴定人与专家辅助人双轨制",参见陈如超:《专家参与刑事司法的多元功能及其体系化》,载《法学研究》2020年第2期。但有论者认为,我国司法解释已经呈现专家辅助人向专家证人身份转变的趋势,双轨制终将被打破。参见张保生、董帅:《中国刑事专家辅助人向专家证人的角色转变》,载《法学研究》2020年第3期。2017年最高人民法院印发的《一审普通程序规程(试行)》第26条名为拓展专家辅助人功能,实则突破《刑事诉讼法》,规定:"有专门知识的人可以与鉴定人同时出庭,在鉴定人作证后向鉴定人发问,并对案件中的专门性问题提出意见。"

专属定罪权,法院对于专门性问题以及可能需要的社会科学知识具有裁量权,不受司法鉴定管理体制之约束。

其次,界分专门性问题与专门知识的权力主体是哪个部门?是司法行政部门还是司法机关抑或立法机关?这亦涉及由哪一级别的法律来规定的问题,即属于行政法还是刑事诉讼法甚至宪法。与上述分析路径一致,本书认为,应当由法院在个案中依职权决定,其理论基础在于法官享有职权调查的义务,并且“无论从立法上进行解释,还是从理论上剖析,法官依职权调查取证都不是绝对的自由裁量权,而是法官必须履行的义务”。[1] 该义务来源是《刑事诉讼法》对实质真实的追求。[2]

再次,刑事诉讼引入专门知识乃是出于对真实发现的需要。需要与否亦应当由法院根据个案情况决定。出于该需要,针对某专门性问题而需要有专门知识的人时,法院并不以必须诉诸“鉴定”这个证据方法为唯一路径。因为其核心在于利用专门知识来辅助解决某专门性问题,而该专门性问题之解决,对于事实认定具有重要性。那么,专门知识与非专门知识的界分就不必然以是否为鉴定事项为判断标准,而应当看是否属于超出普通人的常识、一般生活经验之外的知识。

最后,鉴定并不是解决专门性问题的唯一证据方法。现行法框架下,不妨以专家辅助人制度改革为契机,增加鉴定种类之外专门知识的证据准入机制。详言之,鉴定仍作为产生鉴定意见的方法,保留鉴定意见这一传统证据种类;同时,《刑事诉讼法》放开对社会科学类专家意见的限制,准许其作为专门知识型专家提供专家意见。此类专家证人可以适用鉴定人出庭的相关规定。但对于

---

〔1〕 纵博:《对法官依职权调查取证若干理论问题的澄清》,载《法律适用》2013年第10期。

〔2〕 参见林钰雄:《刑事诉讼法》(上)(第9版),台北,新学林出版股份有限公司2019年版,第59~62页。

鉴定意见与社会科学意见的审查判断,《刑事诉讼法》应当作出区别规定。

由此,在我国现行法框架内,专门知识大致可以分为两类:鉴定型专门知识与非鉴定型专门知识。其一,鉴定型专门知识,即需要根据现行鉴定管理体制登记核准的事项,主要侧重自然科学知识、原理与技术;其二,非鉴定型专门知识,即自然科学之外的其他知识,如人文社科领域的专门知识。相应地,前者涉及鉴定人及鉴定意见,后者则是非鉴定专家以及非鉴定型专家意见。这种二元式划分针对不同的待证事项并考虑两类知识之别,并且不需要对我国司法鉴定管理体制作根本性变革,是比较可行的路径。

在对专门知识作二元划分的基础上,非鉴定类意见或社会科学类专家意见进而遵循各自的范式和逻辑,但均属于法定的证据方法。我国刑事专家制度采鉴定人制度与专家辅助人制度的双轨制模式,鉴定人则应坚守中立且带有职权色彩,而专家辅助人之角色与功能则应借鉴英美专家证人制度。“我国刑事专家制度的体系化方式,需要在诉讼结构上,坚守中立且带有职权色彩的鉴定人制度;在程序层面,借鉴专家证人制度以完善、改造当前的专家辅助人制度,从而建立鉴定人制度与专家辅助人制度的双轨制模式。”[1]根据2018年《刑事诉讼法》和有关司法解释的规定,专家辅助人的功能即“对鉴定人作出的鉴定意见提出意见”。在审判实践中,专家辅助人可能有三种身份:“貌似当事人的律师;普通证人;具有鉴定人的身份”。[2]

鉴定人与(非鉴定人)专家证人的身份问题。实际上,根据我国法律实践,有专门知识的人并不一定都是具有鉴定人资格的鉴

---

〔1〕 陈如超:《专家参与刑事司法的多元功能及其体系化》,载《法学研究》2020年第2期。

〔2〕 张保生、董帅:《中国刑事专家辅助人向专家证人的角色转变》,载《法学研究》2020年第3期。

定人;鉴定人因为具有专门知识而具有特殊身份。但根据 2018 年《刑事诉讼法》第 146 条的规定,能够开展鉴定工作的有专门知识的人,实际上只能是鉴定人——这与我国司法鉴定管理体制也相一致。然而,遵循前述分析路径,鉴定人与非鉴定人之外的专家证人同为有专门知识的人,而前者更侧重自然科学类法证科学,而后者则侧重人文社科类专门知识。

我国法对英美专家证人制度的借鉴,也不能脱离比较法与本土司法实践的话语差异。正如学者总结的,英美法系国家具有复杂的科学证据采信结构,在事实认知上表现为"认知错位"与"认知过度",专家证人也被作为控辩双方均可得的证据方法。而大陆法国家科学证据采信结构比较简单,但这种结构的主要问题是与自由心证奉行的理性原则有一定的冲突,这在事实认知上表现为"认知不足"。[1] 我国与欧陆法类似,鉴定作为一种法定证据方法,鉴定人则被作为法官的助手,助力于实现实质真实发现的诉讼目的。

(二)一场范式转移:"科学中心主义"让位于诉讼证明的需要

研究社会科学证据的论者通常会首先探讨一个貌似必要的问题:社会科学证据是科学证据吗?在探寻答案并证成时,通常诉诸"科学"概念的广狭义之争,试图通过扩张科学的外延,将社会科学证据纳入科学证据的体系之中。

科学的广狭义之争,给科学证据理论体系带来批判性反思,这是值得肯定的。但同时也应当认识到,广义科学(科学证据)观尽管对科学证据体系以及鉴定意见盲信作出批判性反思,且证立了社会科学证据的理论可能性,但仍陷入了科学中心主义的话语体

---

〔1〕 参见张斌:《两大法系科学证据采信结构评析——从事实认知的角度》,载《环球法律评论》2011 年第 2 期。

系。这种用“科学性”来界定专家意见的见解,是对诉讼证明和庭审语境的抛弃。

其一,“科学性”并不具有证据法上的意义:既不能定义“专家意见”,甚至也不能定义“证据”。“科学性”并不是证据的属性或特征。换言之,“科学性”并不具有证明上的意义。为了司法裁判的准确性,诉讼证明并不关心其用以认定事实的证据是不是“科学的”,而是探究其所承载的信息是不是与本案相关且可靠的。“科学性”是证据可靠性保障的来源之一,但并不是必然的保障,亦非判定专门知识的统一标准。

其二,在诉讼证明与司法裁判的场景中,社会科学是不是科学与社会科学证据在证明中的作用,这两个问题并无关联,因为诉讼证明与司法裁判并不关心某个证据是不是“科学的”,其关心的是该证据所承载的信息在多大程度上以及如何对待证事实起到证明作用。但是,对该问题的探究对于我们理解社会科学证据的属性与特征却具有一定的辅助作用。

用科学性来界定社会科学知识,并将其纳入广义科学证据的范畴,可能打破既有“科学证据”概念体系的稳定性,还可能增加概念之间可能因包含、交叉而导致淆乱的风险。就狭义科学(自然科学)而言,社会科学与自然科学显然不能等同或包含,那么社会科学证据就不是科学证据,而自成概念体系;如果科学是被广义界定的,即社会科学亦是科学,那么社会科学就是科学证据,但本质上其范式与自然科学迥异,又无法一致地服从科学证据的逻辑。

传统上的“科学证据”这一概念体系自始是“封闭”的,无法包容“科学性”之外的其他证据。从“科学证据”概念的最初使用来看,主要用来概括利用科学知识、原理、技术等形成的证据,侧重证据内容的“科学性”或“科技性”。“科学证据”并非特指某一类证据,其形式可以是实物证据如物证、视听资料、电子数据,也可以是专家意见这一言词证据。这些科学知识、原理、技术等领域也构成了早期的法庭科学门类。后来，法庭对专门知识的需要、人文社会领域的发展成熟，以往自然科学之外的专门知识——人文科学、社会科学等才作为独立的范式逐渐发展成熟。因此，没有必要为了容许社会科学证据，而扩张已有的“科学证据”概念体系。

2021 年《刑诉解释》尽管仍维持鉴定意见与非鉴定意见并列的立法例，但实际上可以解读为容许了非鉴定的社会科学证据作为定案根据的资格。新增修条文淡化了以“科学性”（准确地说，应是“自然科学属性”）界定专门知识的传统做法，对于刑事证据理论与实践而言无疑具有进步意义。在此，《刑诉解释》实现了从科学中心式话语体系到以诉讼需要为依据的“范式转移”，在更广泛的意义上，实现了以专门知识对诉讼证明与司法裁判的帮助性的外部视角，转向诉讼证明与司法裁判对外部知识的需求的内部视角。

因此，对于社会科学证据这个由学术界“创设”的概念，应当置于诉讼证明和司法裁判的逻辑规律之下才有实证意义。[1] 如果转换话语，社会科学知识在诉讼场景中属于“专门知识”，而利用社会科学知识提供证言的（广义）证人为“专家证人”，该证言即“专家意见”。这种意见不同于事实证人的意见，因其所依赖的知识、原理、技术等具有超出常识之外的“专门性”，而这种“专门性”

---

〔1〕 在对“其他类”鉴定管理模式的探索中，我国也有论者提出了以“诉讼需求为导向”的见解，参见张凌燕、刘金文：《“其他类”鉴定管理模式存在的问题及其改革》，载《证据科学》2020 年第 5 期。

的判断并不以“科学性”为依据。[1] 总之,“科学性”不可以定义社会科学证据,更不应当成为判断社会科学证据是否可采的标准。

综上所述,2021 年《刑诉解释》出台之后,社会科学证据作为专家证言的类型之一,被吸纳为专门性问题解决的整合模式。该模式下,以证明指向为参照,将关注重点从专门性知识的科学性与否、属鉴定登记事项与否等外部问题,转向专门知识对诉讼证明与司法裁判的帮助性这一内部问题上来,进而实现了从科学中心主义话语体系向诉讼证明需要的“范式转移”。

三、以证明指向为核心的多元证明方法体系之倡导

(一)以证明指向为基准:实质证明与非实质证明

证明指向实际上是证据关联性的要求之一(实质性或者指向性)。[2] 证据通常包含某种主张,该主张通常又与本案事实存在关联。按照证据用于证明的指向,可分为用于实质证明的实质证据与用于非实质证明的非实质证据。证明指向反映的是证据材料与待证事实之间的关系,其本质上是对相关性的具体阐明。英美法与欧陆法均承认了证明指向的重要性。首先,区分证明指向是英美证据法的基础。如果相关证据用于证明犯罪成立要素,则属于实质证据,相应地,该证据用于实质证明;如用于实质证明之外的目的,则属于非实质证据,相应地,该证据用于非实质证明,如弹

---

〔1〕 我国有学者提出可以从以下几点界定“专门性知识与否”:其所解决的专门性问题通常不应是法律问题;专门性问题的解决需凭借科学知识、专业技能、专门领域的工作经验等专门知识;从内容上看,专门性问题既包括自然科学领域的,也包括人文社科领域的,其中尤以自然科学领域的问题为典型。参见李学军:《诉讼中专门性问题的解决之道——兼论我国鉴定制度和法定证据形式的完善》,载《政法论坛》2020 年第 6 期。

〔2〕 如美国《联邦证据规则》规则 401(b)。参见王进喜:《美国〈联邦证据规则〉(2011 年重塑版)条解》,中国法制出版社 2012 年版,第 56 页;张建伟:《指向与功能:证据关联性及其判断标准》,载《法律适用》2014 年第 3 期。

劾证言可信性的弹劾证据或有限可采性证据等。如传闻陈述可用于弹劾证人可信性,也可以用于证明其主张事实真实性之外的目的。[1] 其次,欧陆法以证据裁判原则为起点与基础,形成了严格证明与自由证明之分、证据能力规则、证据禁止规则、直接言词原则等互相作用的程序与证明机制。[2] 在我国刑事诉讼法语境中,实质证据与非实质证据之划分的意义有二:其一,在于限定控方有罪证明以及法官事实认定行为,此为实质真实发现之根本目的;其二,为诉讼效率之考虑,用于实质证明的证据,应严格证明,而对用于非实质证明之证据,则允许自由证明。

我国学者亦有关注证据依用途之二元划分模式,认为实质证据与辅助证据是两个基础性类别,其划分标准是:在证明逻辑上看证据与证明对象之间是否具有"生成"意义上的证据相关性,有则为实质证据,无则为辅助证据。[3] 除了类型划分意义之外,证明指向还与证明程序密切嵌连。

我国2018年《刑事诉讼法》第50条是法定证据用于实质证明的严格证明规则。该条第1款规定:"可以用于证明案件事实的材料,都是证据。"该款规定有两项内容:实质性与证明性。其一,"可以用于证明"即证明性之有无,表明证据材料与待证事实之间有增强证明或削弱(否定)的作用。进言之,该证据对于案件事实之存在或不存在、增强或削弱其存在或不存在有证明性。其二,社会科学证据是否"可以用于证明案件事实"的关键在于判断"案件事实"。问题之关键在于如何界定刑事诉讼的"案件"。根据诉讼原理,"国家与个人间之具体的刑罚权之关系,即处罚者与被处罚

---

〔1〕 传闻证据规则,参见 Federal Rules of Evidence 801。参见王进喜:《美国〈联邦证据规则〉(2011年重塑版)条解》,中国法制出版社2012年版,第238页。

〔2〕 参见林钰雄:《刑事诉讼法》(上)(第9版),台北,新学林出版股份有限公司2019年版,第497~500页。

〔3〕 参见周洪波:《实质证据与辅助证据》,载《法学研究》2011年第3期。

者的关系，称之为诉讼之实体，或诉讼客体，亦称案件……案件之内容，由被告与犯罪事实两部分所构成……"[1]我国《刑事诉讼法》规定之"定案"的内容，理论上应当是被告人被指控的实体事实，因此该条所论是实质证明性证据。

证明指向并非英美证据法的专属视角，欧陆法同样也区分证明指向，但是与英美法采用不同的方式。概言之，英美证据法区分证明指向的前提在于约束控辩双方的证据行为，而欧陆证据法则旨在约束控方证明与法院裁判等公权力行使的方式。前者即形式真实发现模式，后者则是实质真实发现模式。欧陆法语境中，证明指向的要义在于界定是否属于严格证明抑或自由证明。根据证据裁判原则之要求，前者属要经过严格证明，方具有证据资格，方可归入法官心证范围；后者可自由证明之。

（二）整合模式：多元证据形式的统一证据方法

1. 统一的证据方法：具有特定领域专门知识的适格专家

对专门性问题之解决，诉诸整合路径，具有理论上的必要性和实践上的必要性。整合路径即跳出法定证据种类的桎梏，以证明指向为核心，将多元证明方法统一于"专家意见"这一证据方法之上。[2] 诚然，为了防止控方滥行控诉、法官恣意裁判，《刑事诉讼法》应当限定证据方法，此即严格证明之要求，也是衍生于证据裁判原则的程序规则与证据规则。[3] 但我国法恰恰欠缺证据的证明维度与证明机能。详言之，我国《刑事诉讼法》偏重对证据形式

---

〔1〕 参见林钰雄：《刑事诉讼法》（上）（第9版），台北，新学林出版股份有限公司2019年版，第277页。

〔2〕 如有学者提出"四维分享模式"，参见郑飞：《论中国司法专门性问题解决的"四维模式"》，载《政法论坛》2019年第3期。

〔3〕 证据裁判原则、证据能力与严格证明之关系，参见林钰雄：《刑事诉讼法》（上）（第9版），台北，新学林出版股份有限公司2019年版，第499页、第501页。

的要求,即用证据形式来界定或者限定证据方法,却忽略了证据内容及其与事实之证明关联的本质。实际上,证据种类可以作为承载证据方法的外在形式,但并不等同于证据方法。在专门性问题之解决上,法定的证据方法应当是专家意见(与事实证人提供的证言相对应)。而专家如要成为"法庭的助手",则要具备一定的资格并履行相应的程序义务(如出庭)。是故,鉴定意见只是一种证据的呈现方式,或称证据资料,而"专家"才是证据方法。因此,证据与证明意义上的专家作为一种法定证据方法,关键在于其以专门知识为基础或依据所主张的事实与本案待证事实之间的关联如何。

在统一证据方法之下,法院被定位为专家意见的"筛选者"。法院筛选的内容主要有三方面:第一,该系争问题是否属于《刑事诉讼法》上的"专门性问题"——该区分的意义在于判断是否需要诉诸"专家"这一证明方法;第二,提供意见的专家的资格,该资格审查并不依赖控辩双方是否提出异议,乃法院自主履行职责之范围;第三,在证据调查过程中,法院还应当审查所提专家意见是否超出其意见之范围,防止其对构成要件事实作出不当事实推论。

法院的"证据筛选义务"源自其职权调查职责,归根结底源自《刑事诉讼法》的实质真实发现之目的。实质真实发现是欧陆法职权制诉讼构造的根本目的,也被作为职权制的典型特征。其一,以查明案件事实客观真相为目的,即实质真相;其二,以法官全面、主动的证据调查行为为权力行使方式,即实质调查。[1] 欧陆法国家职权调查原则有三个特点:法官证据调查具有中立性、主动性,

---

〔1〕 参见王天民:《实质真实主义:两种认知理论下的模式推演》,载《法制与社会发展》2018 年第 3 期。

并且法官证据调查是围绕案件事实的提纲式调查。[1] 职权调查对于法官而言，"无论从立法上进行解释，还是从理论上剖析，法官依职权调查取证都不是绝对的自由裁量权，而是法官必须履行的义务"。[2]

2. 多元证据形式：鉴定意见与不同类型的社会科学证据并存

刑事诉讼引入专门知识乃是出于对真实发现的需要，需要与否亦应当由法院根据个案情况决定。出于该需要，针对某专门性问题而需要有专门知识的人时，法院并不以必须诉诸"鉴定"这个证据方法为唯一路径。因为其核心在于利用专门知识来辅助解决某专门性问题，而该专门性问题之解决，对于事实认定具有重要性。那么专门知识与非专门知识的界分就不必然以是否为鉴定事项为判断标准，而应当是是否属于超出普通人的常识、一般生活经验之外的知识。

在我国现行法框架内，专门知识大致可以分为两类：鉴定型专门知识与非鉴定型专门知识。其一，鉴定型知识，即需要根据现行鉴定管理体制登记核准的事项，主要侧重自然科学知识、原理与技术；其二，社会科学领域的专门知识，即鉴定登记管理事项之外的其他知识。相应地，前者涉及鉴定专家及鉴定意见，后者则是非鉴定专家以及非鉴定型专家意见。这种二元式划分针对不同的待证事项并考虑两类知识之别，并且不需要对我国司法鉴定管理体制作根本性变革，是比较可行的路径。

以此为契机，我国法专门问题解决路径便形成一个多元证据方法体系：在实质证明上，有鉴定型专家意见（现行法鉴定意见）与非鉴定型专家意见（专家意见）；在辅助证明上，则为有专门知

---

〔1〕 张斌：《两大法系科学证据采信结构评析——从事实认知的角度》，载《环球法律评论》2011 年第 2 期。

〔2〕 纵博：《对法官依职权调查取证若干理论问题的澄清》，载《法律适用》2013 年第 10 期。

识的人(专家辅助人)。这种多元证明体系并没有突破我国法证据裁判规则,亦未违反严格证明,而是根据证明指向采取了比较灵活、适宜的方式有针对性地解决,有效地解决了我国法专门性问题解决方法的封闭性问题。诚然,上述多元证明体系或多元证据方法体系融合了鉴定制度与专家证人制度。但需要坚持的是,我国法对英美专家证人制度的借鉴,也不能脱离比较法与本土司法实践的话语差异。

2021年《刑诉解释》施行之后,社会科学证据作为专家证言的类型之一,被吸纳如专门性问题解决的整合模式。相较于缺少体系性的分散模式,“多元证据形式的统一证据方法”的整合路径,即以证明指向为导向,将关注重点从专门性知识的科学性与否、属鉴定登记事项与否等外部问题,转向专门知识对诉讼证明与司法裁判的帮助性这一内部问题上来,进而实现了从科学中心主义话语体系向诉讼证明需要的“范式转移”。整合模式突破了实质证据/核心证据印证证明对证明方法的局限,将专门性问题的解决整合于“专家”这一统一的证据方法,吸纳自然科学、社会科学等不同类型的专门知识,包容鉴定意见、社会科学证据等不同形式的证据资料。

四、整合模式下社会科学证据的证明指向

以证明指向为参照,社会科学证据可以用于实质性证明或者非实质性证明,进而再分别考察不同证明指向下其与待证事实的相关性大小、证明力高低等。以此区分为逻辑前提,本章所论社会科学证据可分为两类:一类是实质意义上的证据(与实体事实相关的证据);另一类是非实质意义上的证据(如证据性事实、程序性事实等)。

(一)社会科学证据用于实质证明

如果社会科学证据的证明指向是实体事实,如入罪情节、加重

情节、量刑情节等,且可以用于增强或削弱事实成立与否,则可用作实质证明。通常,此类社会科学证据以经验研究所得数据的方式呈现,其旨在通过展示数据来引导法官作出某项事实的推论,如统计数据、调查报告等,此类可归为描述性数据(descriptive statistics),单纯反映某类人群的原始数据、平均数以及百分比等。但有时也呈现为解释数据的意见、解释某现象的意见、关于人身评估的意见等推论性数据(inferential statistics)。前者强调社会科学知识作为证据的"原始性",而后者则更侧重专家的解释性意见。[1]

在司法实践中,社会科学知识被广泛应用于知识产权、商标专利、人身危险性甚至违法性等事项的判断上,这些事项往往是需要司法裁决的争议事项。(1)人格调查类,如未成年社会调查报告、人身危险性评估等评估类报告,此类可能影响量刑;(2)不动产、动产的价格评估类,此类既可能影响入罪,也可能影响量刑;(3)环境类犯罪案件中对因果关系的认定;(4)侵犯知识产权犯罪案件中对"是否造成混淆"等的认定。总之,社会科学证据的相关性取决于其证明指向是不是影响罪责成立的要素。此类属于社会科学证据在罪责实体事实认定方面何以可能的必要性基础。总之,特定罪责实体事实的认定就是社会科学证据何以可能的必要性基础。换言之,特定案件或者特定事项的证明问题上,为司法裁判之故,有必要引入社会科学知识辅助事实认定者作出判断。

进而,在我国现行法框架内,社会科学证据如果用于实质证明,仍面临我国2018年《刑事诉讼法》第50条第2款对证据种类的约束。诚然,我国法证据种类遭受到实务界与理论界颇多诟病。不仅成为证据法学理论研究的桎梏,在实践中也限制了其他种类

---

〔1〕 Jonathan P. Feingold & Evelyn R. Carter, *Eyes Wide Open: What Social Science Can Tell Us about the Supreme Court's Use of Social Science*, 112 Nw. U. L. Rev. 1689 (2018), p. 253 – 254.

证据的适用。[1] 从应然意义上和规范层面上讲,证据种类并不是证据资格的必要要件,亦不应成为证据准入的限制性门槛。如果从本质上进行解读,呈现形式并不必然决定性地影响某个“证据材料”对裁判的“辅助作用”。证据之于特定事实的证明,取决于其与该事实的证明性——此即内容上的要求。对此,持激进态度的学者甚至认为:“按照证据种类区分逻辑……从制度变革的整体走向来看,取消证据种类制度专门规定,具体证据运用规则的证据种类称谓仍然以传统区分标准为主,同时辅以其他区分标准,也许更为合宜。”[2]

从规范目的考察,2018 年《刑事诉讼法》第 50 条第 2 款之规定乃为了限定法定证据方法,只不过我国法采取了限定证据形式的路径。法定证据方法之限定乃为了约束控方证明以及法院事实认定,防止权力滥用,而不是阻止可以辅助事实认定的事实进入法庭。

(二)社会科学证据用于非实质证明

非实质性证明尽管并不针对定罪量刑等实体事项,但证据型主张所指也是对案件认定有意义的事实。社会科学知识有助于帮助理解人类行为,这些人类行为可以是作为社会背景框架的抽象事实,进而有助于确保或提高裁判的准确性。如未成年被告人社会调查报告、受虐妇女综合征类“专家证言”、性侵案件未成年被害人证言可信性的“专家证言”等,[3] 其证明指向在于人身危险性、证言可信性等非实质性主张。非实质证据并不受 2018 年《刑

[1] 我国学者围绕证据种类的争论,参见周洪波:《诉讼证据种类的区分逻辑》,载《中国法学》2010 年第 6 期;孙远:《论法定证据种类概念之无价值》,载《当代法学》2014 年第 2 期等。

[2] 周洪波:《诉讼证据种类的区分逻辑》,载《中国法学》2010 年第 6 期。

[3] 参见向燕:《论性侵儿童案件中被害人陈述的审查判断》,载《环球法律评论》2018 年第 6 期。

事诉讼法》第 50 条严格证明的要求。此外,因不涉及法官定罪量刑,自无作为定罪量刑参考之必要。

综上所述,我国《刑事诉讼法》限制了实质证明意义上的社会科学证据的定案资格,但司法解释及司法实践中实际上赋予了非实质证明意义上的社会科学证据进入法庭的资格(但不能用于“定案”)。在《刑事诉讼法》的框架内,仍可以对该法第 50 条的条文作体系解释。详言之,判断某个材料是否能作为“证据”则要符合第 50 条第 1 款的要求:如果可以用于证明案件事实,则可以作为证据。如果是用于定罪量刑的实质证据,则不仅要符合法定形式的要求,还要经过法定程序查证属实,才可以作为定案的根据。如果是非实质性证据,即并非用于定罪量刑的证据,则不需要遵循证据的外在形式要求,但为了实质真实发现以及裁判准确性之故,仍要确保其真实性、可靠性,但法官可以采取比较自由的方式进行。

第五章 社会科学证据的可靠性检验

一、社会科学证据的可靠性争议

在科学与法律的碰撞中，司法应当始终掌握事实认定的“话语权”。详言之，在司法证明的场域中，尽管专家证言用于证明某个特定的案件事实，但专家证言可靠性的判断则是一个法律问题。尽管司法裁判需要借助社会科学类专门知识，如前所述，与其他专家意见一样，社会科学证据对事实认定者而言是教育的，而非遵从的。[1] 在科学与法律的碰撞中，司法应当始终掌握事实认定的“话语权”。尽管司法裁判需要借助社会科学类专门知识，但“专家永远都应当是帮助法院发现事实的仆人，法官才是事实认定的主人；反之，则既有损个案正义，更损及社会正义”。[2] 这些理念也应当是社会科学证据可靠性判断的基础。

（一）社会科学证据的传闻风险

与传统的专家意见不同的是，社会科学证据多包含推论性意见，且统计数据或者调研报告等是基于以往个案的回溯式研究。其旨在通过特定研究结论支持或否定、增强或削弱证据性事实与案件事实之间的推论性联系。这昭示着社会科学证据具有传闻陈

---

〔1〕 专家证言对于事实认定者而言，是教育还是遵从的争论多见于美国证据法领域。参见[美]罗纳德·J. 艾伦：《专家证言的概念性挑战》，汪诸豪译，载《证据科学》2014 年第 1 期等。

〔2〕 史长青：《科学证据的风险及其规避》，载《华东政法大学学报》2015 年第 1 期。

述的属性。因此,在早期的判例法中,社会科学证据(尤其是社会框架类)具有传闻属性,且其并不属于判例法上的传闻例外,亦不属于美国《联邦证据规则》上的传闻例外,故应当被排除。

20 世纪 60 年代始,在民权运动的推动下,美国法逐渐放宽了社会科学证据的准入。社会科学证据逐渐出现在与平等保护条款相关的宪法性案例中,如种族平等、性别平等、教育平等、死刑量刑公正等。1963 年,Zippo Manufacturing Co. v. Rogers 案为判断调查型证据与传闻陈述的区别提供了审查标准:(1)调查型证据不是为了证明单方主张的事实而进行;(2)调查证据能够反映被调查者的当前主观状态。该案件被认为“终结了传闻证据规则对在商标案件中引入调查证据的反对”。[1]

然而,问题在于,社会科学证据不会被传闻法则排除,并不意味着该证据就被默示推定具有可靠性。社会科学证据存在不可靠风险是毋庸置疑的,只不过现在问题的焦点在于如何检验并确保其可靠性。在可采性规则之外,对抗制的做法是将该问题诉诸法庭上控辩双方的证据性论辩。换言之,解决路径从证据规则转向程序机制。

相较之下,我国法对于报告类证据恰恰采用了可靠性标准。其一,从证据外观上推定其具有可靠性,而该可靠性推定源自取证主体(侦查机关)、取证方式(侦查行为)、证据形式(鉴定意见签名盖章;证人证言、被害人陈述签名或盖章等法定形式要求)。其二,就被告人供述而言,相关规定区分其是否与当庭证言一致,利用印证法考察其一致性,通过该一致性推断其可靠性。其三,对于实务中常见的书面证人证言而言,我国法则持更为“宽容”的态度:若与当庭陈述不一致,则采取用印证法推断其可靠性的立法模

---

〔1〕 [美]约翰·莫纳什:《法律中的社会科学》,何美欢、樊志斌、黄博译,法律出版社 2007 年版,第 98 页。

式。前述可靠性推定或推断(尤其是被告人供述与辩解、证人证言等)用形式上互相印证的方法掩盖了言词证据所包含的直接性与论辩性,忽略了保障辩方交叉询问、约束控方举证方式等程序性问题,[1]而这些程序性问题正是对质权的核心功能所在。类似地,审判中心主义改革的重中之重在于促进庭审实质化,而庭审实质化的直接要求即控方证据应当在法庭上经过辩方质疑,[2]并通过口头辩论等方式呈现给裁判者。

(二)传闻例外对辩方对质权的侵蚀

根据传闻法则这一证据可采性规则,庭外陈述人不出庭时,庭外陈述属于传闻陈述,根据传闻法则之规定不可采。[3] 一概排除传闻证据并不符合利益权衡的要求,一些传闻证据兼具相关性和可靠性,排除则意味着陪审团将无法获得可能与事实认定相关的证据。正因如此,奉行实用主义的英美法系便通过在普通法、制定

---

〔1〕 参见左卫民:《"印证"证明模式反思与重塑:基于中国刑事错案的反思》,载《中国法学》2016 年第 1 期;向燕:《"印证"证明与事实认定——以印证规则与程序机制的互动结构为视角》,载《政法论坛》2017 年第 6 期等。另外,对印证证明的整体性反思,参见周洪波:《中国刑事印证理论批判》,载《法学研究》2015 年第 6 期;杨波:《我国刑事证明标准印证化之批判》,载《法学》2017 年第 8 期;杨波:《审判中心下印证证明模式之反思》,载《法律科学(西北政法大学学报)》2017 年第 3 期等。

〔2〕 即我国法上的"质证",但有观点认为"质证"仅针对言词证据,如参见张建伟:《"质证"的误解误用及其本意》,载《检察日报》2012 年 11 月 1 日,第 3 版。本书认为,就狭义角度而言,对言词证据的质疑即为"质证"或"对质",对实物证据的质疑主要针对其真实性,即美国《联邦证据规则》之规则 901 所称"验真"(或译"鉴真")。一般而言,验真属于对控方对展示性证据所作铺垫性证明,如未尽该证明要求,则该展示件可能因不相关而被排除。有关"展示性证据的验真",参见[美]罗纳德 · J. 艾伦、[美]理查德 · B. 库恩斯、[美]埃莉诺 · 斯威夫特:《证据法:文本、问题和案例》(第 3 版),张保生、王进喜、赵滢译,满运龙校,高等教育出版社 2006 年版,第 212 ~ 226 页。

〔3〕 Federal Rules of Evidence 802("Hearsay is not admissible unless…").

法层面规定非传闻、传闻例外等方式限制传闻排除规则的适用范围。[1] 美国学者甚至无不忧虑地认为传闻法则正被繁多的例外所瓜分,它最原始的内涵几乎消失殆尽;[2]还有学者甚至质疑传闻法则从“传闻排除规则”变成“传闻采纳法则”。[3] 这就意味着,在司法实践中具有证明价值的传闻陈述总能如愿地进入法庭。[4]

美国法上,根据对质条款,被告方有与对己不利的证人对质的权利。对质权的基本要求[5]包括:(1)被告与证人或共同被告同时在场彼此面对面的权利;[6](2)被告与证人或共同被告互为质问的权利。[7] 如果庭外陈述可以作为例外进入法庭,此举对辩方而言的最大挑战便是无法质疑传闻陈述人及其庭外陈述的可信性。[8] 可能涉及如下宪法性问题:采纳属于传闻例外的庭外陈述是否违反对质权。毋庸置疑,越来越多的传闻陈述进入法庭,加剧

---

〔1〕 英格兰和威尔士在制定法上放松了排除传闻证据的要求,甚至在民事案件中废除了传闻排除法则。See Matthew Caton, *Abolish the Hearsay Rule: the Truth of the Matter Asserted at Last (the First of a Two-Part Article)*, 26 Me. B. J. 126 (2011).

〔2〕 David Alan Sklansky, *Hearsay's Last Hurrah*, 2009 Sup. Ct. Rev. 1 (2009), p. 13.

〔3〕 Ronald J. Allen, *The Evolution of the Hearsay Rule to a Rule of Admission*, 76 Minn L. Rev. 797 (1992), p. 800.

〔4〕 G. Michael Fenner, *Law Professor Reveals Shocking Truth about Hearsay*, 62 UMKC L. Rev. 1 (1993), p. 28 ("Truth #3: Everything Fits Under an Exception").

〔5〕 Davis v. Alaska, 415 U. S. 308 (1974), p. 315.

〔6〕 “面对面”是双向的,包括被告人在审判中在场目视证人的权利,也包括被告人有使证人目视自己的权利,参见 Coy v. Iowa, 487 U. S. 1012 (1988), p. 1019-1020; Dutton v. Evans, 400 U. S. 74 (1970), p. 89; U. S. v. Inadi, 475 U. S. 387 (1986), p. 396。

〔7〕 参见王兆鹏:《辩护权与诘问权》,华中科技大学出版社 2010 年版,第 118 页;又见易延友:《“眼球对眼球”的权利——对质权制度比较研究》,载《比较法研究》2010 年第 1 期。

〔8〕 Brookhart v. Janis, 384 U. S. 1 (1966), p. 3-4.

了传闻法则与对质条款的紧张关系，威胁到被告人对质权的实现。

传闻法则的真实价值与对质权的程序价值出现了某种张力。被认为具有可靠性或者受到可靠性保障的传闻陈述，并不会被传闻法则排除。然而，传闻陈述人可能不出庭且未接受辩方对质，对质权对程序价值的追求可能落空。除了交叉询问这一程序机制之外，对质权还有其他不可替代的独立性程序价值，如监督控方权力的行使、约束法官自由裁量权。换言之，保障真实发现及裁判结果准确性是刑事司法体系的重要但非唯一目标，这已经成为现代法治国刑事诉讼程序的理念基础和制度共识。

二、从可靠性检验到对质权保障的规范转向

美国法上，传闻陈述可采性规则从可靠性担保到对质权保障的转向恰恰可以为我国法提供反思性借鉴。刑事司法体系向来关注进入法庭的证据是否可靠，因为这将影响裁判结果的准确性。判例法上，一直以来，采纳可靠性受到保障的传闻陈述并不违反对质条款（roberts）。[1] 但是，Crawford 案却从本质上改变了这一现状。[2] Crawford 案认为对质条款才是传闻陈述可采性的最终障碍；重申并强调了辩方对质权具有与传闻法则不同的、独立的程序性价值，如被告人的交叉询问权、监督制约侦查权与公诉权、防止法官滥用裁量权等。美国判例法的转向之于我国而言，不仅有益于倡导并实践对被告人对质权的保障，还可凸显程序公正相对于实体公正的独立价值，增强裁判的正当性与可接受性。

（一）可靠性检验：采纳可靠的传闻陈述不违反对质条款

采纳传闻陈述是否违反对质条款这个问题在很大程度上取决

---

〔1〕 Ohio v. Roberts, 448 U. S. 56 (1980), abrogated by Crawford v. Washington, 541 U. S. 36 (2004).

〔2〕 Crawford v. Washington, 541 U. S. 36 (2004), overruling Ohio v. Roberts, 448 U. S. 56 (1980).

于如何界定对质条款的适用范围，抑或被告人所享有的对质权的范围。从而可以认为，就传闻例外与对质权之间的关系而言，美国学界所持两种代表性观点主要也是建立在对质权广义、狭义解读上。以威格莫尔教授为代表的狭义论认为，限制提出庭外陈述是传闻法则的事情，而非宪法对质权的所管辖的范围。[1] 并且，对“证人”改变作狭义解读，认为对质权所指称的“不利证人”仅仅指代出庭作证的证人，而传闻陈述人并未出庭作证，因此并不属于“不利证人”，因此传闻例外自不受对质权的规制。与此狭义对质权见解对应，对质权广义论则认为，对质权应当被解释为禁止任何未经对质的陈述，不管其是在庭上作出还是在庭外作出。据此，控方在刑事审判中提出的“几乎每一个传闻例外”都存有侵犯被告人对质权之嫌。[2]

起初，美国联邦最高法院对上述问题的态度是含混不清的。直到 1980 年，联邦最高法院通过 Roberts 案确立可靠性标准，即采纳可靠的传闻陈述并不违反对质条款。[3] 该案法院对对质条款作出狭义性解读，认为：对质权提供的主要保障或者对质权的主要功能在于交叉询问，而交叉询问权的目的则在于保障事实认定程序的准确性。[4] 因此，对质权是保障证据可靠性的强制性手段之

〔1〕 John Henry Wigmore, *A Treatise on the System of Evidence in Trials at Common Law* § 1397, p. 1755 (1st ed. 1904). ("The rule sanctioned by the Constitution is the hearsay rule as to cross – examination, with all the exceptions that may legitimately be found, developed, or created therein.")

〔2〕 Ohio v. Roberts, 448 U. S. 56 (1980), p. 63 ("the Clause would abrogate virtually every hearsay exception, a result long rejected as unintended and too extreme").

〔3〕 辩方有权对不利于己的证人交叉询问是对质条款的根本要求，但采纳具有可靠性的庭外陈述并不违反对质条款。See Ohio v. Roberts, 448 U. S. 56 (1980), abrogated by Crawford v. Washington, 541 U. S. 36 (2004).

〔4〕 Bourjaily v. United States, 483 U. S. 171, 200 (1987) (Blackmun, J., dissenting); Ohio v. Roberts, 448 U. S. 56 (1980), p. 65.

一。在庭外陈述人未出庭的情况下,如果控方证明该陈述人不可作为证人出庭,而且该庭外陈述具有“相当的可靠性印记”,[1]则采纳该庭外陈述并不违反对质条款。对于可靠性的判断,法庭进一步指出,如果该证据符合“根深蒂固的传闻例外”(如濒死陈述),则法庭可以“推断”(infer)其可靠性。除此之外,如果存在“具有可信性的特别保障”(如法官通过司法认知认定其可靠性、制定法将其规定为传闻例外等,甚至宣誓签名的书面证言等正式文件),该证据也可被采纳。简言之,符合传闻例外的条件即意味着可靠性受到保障。

由此,自 Roberts 案始,庭外陈述采纳与否的标准是可靠性之保障,且该标准以传闻法则为主导性机制。对质条款则“被迫”依附于传闻法则,其自身价值与功能被架空。

(二)对质权保障:采纳证言性庭外陈述违反对质条款

二十多年后,美国联邦最高法院在 Crawford 案中推翻了 Roberts 案的判决,抛弃了可靠性标准。法院批判了 Roberts 案的判决理由,把核心争点从传闻性陈述及其可靠性保障转向对质条款本身,考察对质条款下的程序性机制与功能是否得到实现,尤其是被告人和于己不利的证人的对质权是否受到保障。

1. 可靠性并非否采纳庭外陈述的最后标准

Crawford 案确立了新的“明线标准”(bright – line test),[2]即证言性庭外陈述不可采,除非控方证明庭外陈述人“不可作为证

---

〔1〕 Ohio v. Roberts, 448 U. S. 56 (1980), p. 66 (adequate indicia of reliability).

〔2〕 英美法上所谓“明线标准”(bright – kine test),通常指由多项客观性因素组成的,被清晰、明确界定的法律规则,少有余地或没有余地对其作出灵活性解释。与之相对应的即“权衡标准”(balancing test 或称 fine line testing),该标准允许对多项因素进行权衡之后作出的判断。二者最大的差别在于:前者的客观性有利于实现法律适用的一致性,而后者蕴含的主观性则容易导致法律适用的不一致。

人出庭”(或“不可得”,英文为“unavailability”),而且辩方先前曾有机会对传闻陈述人交叉询问。[1] 新规则的核心要义在于:对质条款在保障辩方交叉询问的程序权利方面有独立价值,传闻陈述的可靠性并不能豁免该程序性要求。

Crawford 案确立了“原则排除、例外采纳”的模式。Crawford 案首先区分了传闻陈述的证言性与否,并认为原则上采纳证言性庭外陈述违反对质条款,除非控方证明该传闻陈述人在庭审时不可作为证人出庭,且辩方在审判前程序有机会对该陈述人交叉询问。[2] 换言之,证言性庭外陈述若可采,需同时满足两个要件:庭外陈述人不可得;辩方先前交叉询问的机会。其一,控方尽善意努力义务促使庭外陈述人出庭(in good faith effort),[3] 并对其不可得性承担证明责任。其二,辩护方先前交叉询问的机会是“机会性”的,并不要求被实现(辩方是否利用该机会实施交叉询问在所不问)。如因可归咎于辩护方的理由而使该证人不可得或者审前交叉询问无法实现,那么对质权对辩护方而言则具有“失权效”(forfeiture by wrongdoings),即被告人因此丧失对质权之保障。[4]

Roberts 案和 Crawford 案可以分别看作传闻法则与对质权关系[5] 线上两个标志性的分水岭:Roberts 案把庭外陈述的可靠性

---

〔1〕 Crawford v. Washington, 541 U. S. 36 (2004), p. 61, 67 - 68, overruling Ohio v. Roberts, 448 U. S. 56 (1980), p. 65 - 66.

〔2〕 Crawford v. Washington, 541 U. S. 36 (2004), p. 68.

〔3〕 Barber v. Page, 390 U. S. 719 (1968), p. 724 - 725.

〔4〕 Giles v. California, 554 U. S. 353 (2008).

〔5〕 我国台湾地区学者王兆鹏曾在《传闻法则理论——证人陈述之危险》一文论及传闻例外与交叉询问关系,把交叉询问权的理论基础总结概括为六种:最狭义的交叉询问理论(minimalist theory)、证人产生理论(production theory)、真实性理论(reliability theory)、主要证据理论(centrality theory)、防止政府滥权(procedural rights theory)、当事人进行主义的诉讼防御权(adversary right theory)。参见王兆鹏等:《传闻法则理论与实践》(第 2 版),台北,元照出版公司 2004 年版,第 11 ~ 16 页。

作为对质权是否满足的评价标准，而传闻例外则可作为具有可靠性的标志，从而将对质权与传闻法则联系起来；Crawford 案则废弃了 Roberts 案确立的可靠性标准，认为庭外陈述的可靠性并非对质权所关注的核心，认为对质权旨在为辩方提供交叉询问的程序性保障，传闻例外和对质权自此互相脱离。[1]

2. 对质权具有独立的程序价值与功能

(1)对质权具有独立的程序性价值

在对待可靠性的问题上，Crawford 案与 Roberts 案持截然不同的态度。Roberts 案隐含的内在逻辑是：可靠的传闻证据并不需要经过对质，因为法庭通过司法认知断定陪审团能够识别其可靠性，交叉询问自无必要；不可靠的传闻则要经过对质，目的在于保障陪审团能够明白证据是不可靠的。然而，上述思路却遭到 Crawford 案的强烈批判。Crawford 案的判决法院认为，由法官在庭前认定传闻陈述是否可靠的做法有滥用司法裁量权的嫌疑，检验可靠性的唯一方式正是交叉询问，而此项程序性保障正是宪法对质条款提供的，与传闻陈述本身是否属于传闻例外、是否可靠并不相关。

Crawford 案突出强调宪法性对质权所具有的独立的程序性价值，把关注点集中于对抗制程序上。相较之下，可靠性标准重在强化事实认定以及裁判的准确性，但却忽略了对辩方提供充分、有效的程序性保障，即与不利于己的证人对质的权利。[2] 司法正义的实现并不只通过准确的裁判结果（有罪的人被定罪、无辜的人不被错误定罪），还仰赖程序本身是否公正。因此，依赖法官判断庭外陈述的可靠性并不能取代对质条款下的交叉询问。

---

[1] Thomas J. Reed, *Crawford v. Washington and the Irretrievable Breakdown of a Union: Separating the Confrontation Clause from the Hearsay Rule*, 56 S. C. L. Rev. 185 (2004), p. 186（本文把判例法上对质权与传闻法则关系的发展过程描述为“结婚—婚姻破裂—离婚”）.

[2] Crawford v. Washington, 541 U. S. 36 (2004), p. 63.

诚然,传闻法则与对质条款作为对抗制的两大法律机制,各有其价值与意义,但 Crawford 案却是更具革命性意义的判解,即任何传闻例外——即使其具有可靠性——都不能使未经对质和交叉询问的庭外陈述采纳为对被告人不利的证据的做法正当化。换言之,即使庭外陈述可以顺利"逃脱"被传闻法则排除的命运,对质条款给辩方提供的程序性保障仍然是控方举证不可跨越的宪法性障碍,而控方未尽该义务则是导致该庭外陈述不可采的关键因素。[1] 该判解的现实意义不言自明:在传闻法则被诸多例外淹没的司法背景下,刑事司法体制尤其要捍卫对质权作为被告人宪法权利的至高性。[2]

(2)对质权具有真实发现之外的非认识论功能

通说以及 Roberts 案认为,对质权的主要功能在于保障真实发现。持该狭义论的代表威格莫尔教授认为,对质权赋予被告人的只是对不利证人交叉询问的权利,除此之外无他。[3] 他甚至将交叉询问推崇为"对质权的主要以及根本目的",并盛赞其为"史上最伟大的发现真实的法律机制"。[4] 然而,Crawford 案把对质权从传统上所认为的"其功能在于真实发现"这一桎梏中解脱出来,转而更多关注对质权非认识论意义上的功能。

Crawford 案重新解读了对质条款保障辩方权利及其抑制公权力等程序性功能。交叉询问是对质权的核心,但把交叉询问等同于真实发现,并把真实发现视作对质条款的唯一追求是对其本意

---

[1] Marc D. Ginsberg, *The Confrontation Clause and Forensic Autopsy Reports—A "Testimonial"*, 74 La. L. Rev. 117 (2013), p. 126 (该文认为对质权是证据可采性的关键障碍).

[2] David E. Seidelson, *Hearsay Exceptions and the Sixth Amendment*, 40 Geo. Wash. L. Rev. 76, 91 - 92 (1971).

[3] See Dutton v. Evans, 400 U. S. 74 (1970) (Harlan, J., concurring), p. 94.

[4] 威格莫尔的这句名言曾多次被判例所引用,参见 California v. Green 399 U. S. 149 (1970), p. 158; Ohio v. Roberts, 448 U. S. 56 (1980), p. 63 - 64。

的曲解。真实发现既非对质权的唯一价值,亦非其核心价值。[1] 详言之,对质权的程序性功能在于:

首先,对质权可以规制控方举证行为,如促使控方传召证人出庭、限制控方取证手段、监督控诉权等程序性价值。[2] 控方指控被告人有罪不能仅仅依靠“片面证言”,否则,现代诉讼便又可能重返中世纪黑暗司法的境地。如控方欲将于辩方不利的证言作为证据提交法庭,则该庭外陈述的可靠性无法豁免被告人与该不利证人对质的程序性权利。其次,防止法官恣意行使裁量权。Roberts 案确立的可靠性之权衡标准具有相当的主观性、可塑性、不稳定性,法官适用时可能导致权力的恣意甚至滥用。[3] 最后,对质权有助于保障被告人实现获得听审的权利以及获得有效辩护的权利。[4] 律师帮助权作为公正审判不可或缺的程序性要素之一,在刑事诉讼中必须要得到保障,这是根本性公正,无关该程序是否影响裁判的准确性。[5]

综上所述,对法官裁判、检察官举证等诉讼行为的程序性约束从根本上讲在于防止公权力滥用,从而达到促进司法民主、保障个人基本权等正当程序之目的——而这却是传闻法则、Roberts 案等可靠性规则无法涵盖的。因此,原本内嵌于对质条款之中的限权、民主等价值被 Crawford 案唤醒,并被赋予新的生命。

---

〔1〕 Richard D. Friedman, *Confrontation*: *The Search for Basic Principles*, 86 Geo. L. J. 1011 (1998), p. 1028.

〔2〕 Richard D. Friedman, *Confrontation*: *The Search for Basic Principles*, 86 Geo. L. J. 1011 (1998), p. 1027 – 1029.

〔3〕 Crawford v. Washington, 541 U. S. 36 (2004), p. 62, 67.

〔4〕 Susanne C. Walther, *Pipe – Dreams of Truth and Fairness*: *Is Crawford v. Washington a Breakthrough for Sixth Amendment Confrontation Rights*?, 9 Buff. Crim. L. Rev. 453 (2006), p. 473.

〔5〕 Gideon v. Wainwright, 372 U. S. 335 (1963), p. 343 – a345.

3. 对质权的调整范围：主要目的用于刑事指控的“证言性庭外陈述”

Crawford 案推翻了 Roberts 案的可靠性规则，把具有可靠性保障的传闻例外纳入对质条款的规制范围，改变了传统的庭外陈述可采性规则。换言之，被告人对质权之保障成为庭外陈述可采的宪法性程序要件。根据 Crawford 案，对质条款仅排除证言性庭外陈述，随之而来的关键问题便是如何认定庭外陈述的“证言性”。

Crawford 案并未确立如何认定证言性的标准，称“留待日后阐明”。[1] 同时还简单地罗列了如下几种情形，如在初步聆讯、大陪审团调查、先前审判、警察讯问等程序中作出的庭外陈述，[2] 证据提出方可以合理期待该证据将用于指控目的之其他庭外陈述，[3] 或者一个客观的证人在合理相信该陈述将被用于之后审判的情形下作出的陈述等具可认定为证言性庭外陈述。[4] 此种列举并非统一适用标准，但仍可初步判断，证言性与否的认定需要探究该传闻陈述作出时的目的是否用于之后的刑事审判。

前述“主要目的标准”（primary purpose test）审查的基本内容是：某项传闻陈述的作出是否为了刑事指控，或陈述人作出该陈述之时是否存有其将被用于日后刑事指控的期待。如果缺乏刑事指控之目的（accusatory），则不具有证言性，采纳该证据不违反对质条款。例如，在 Melendez – Diaz v. Massachusetts（2009）案[5]中，美国联邦最高法院以 5∶4 微小多数作出裁决，认为：毒品检测报告可能作为日后控方提起刑事指控的证据，属于证言性陈述；[6] 在

---

〔1〕 Crawford v. Washington, 541 U. S. 36 (2004), p. 68. (“We leave for another day any effort to spell out a comprehensive definition of ‘testimonial.’”)

〔2〕 Crawford v. Washington, 541 U. S. 36 (2004), p. 68.

〔3〕 Crawford v. Washington, 541 U. S. 36 (2004), p. 51.

〔4〕 Crawford v. Washington, 541 U. S. 36 (2004), p. 52.

〔5〕 Melendez – Diaz v. Massachusetts, 557 U. S. 305 (2009).

〔6〕 Melendez – Diaz v. Massachusetts, 557 U. S. 305 (2009), p. 310.

制作宣誓证言书(affidavits)时,执行检验的技术人员知晓其检验结果的证据目的,即该宣誓证言书将被控方用于判断涉案嫌疑人是否符合提起指控所要求的表面证据标准,因此检验人员应属于第六修正案所称"不利证人"。本案中,控方并未证明检验人员于审判时不可得(unavailable),亦未证明辩方曾有对检验人员交叉询问的机会。在这种情况下,如果该证据被用来证明检测报告中所主张的结论,则实施检测并作出报告的人应当出庭作证。[1] 根据 Crawford 案之要求,采纳该证据违反对质条款。[2]

判断"刑事指控目的"主要审查以下几个方面:(1)传闻陈述是否具有形式性(formality)。Crawford 案所列举的具有证言性的几项庭外陈述一般是形成于刑事程序中的正式法律文件。(2)传闻陈述是不是对过去某项犯罪事实的描述。例如,根据 Davis v. Washington(2006)案,庭外陈述作出的目的若在于证明过去某项犯罪事实,[3] 或辨认行为人身份或者获得定罪证据,则该庭外陈述具有证言性。[4] (3)传闻陈述作出之时是否有执法机构或执法人员介入。例如,根据 Ohio v. Clark 案,执法机构或执法人员的介入从另一个侧面也反映并印证了刑事指控性的存在。[5] 值得强调的是,作为关于 Crawford 规则的案,Clark 案发展了证言性与否的综合判断标准。该案中,美国联邦最高法院认为教师作出的被害人(儿童)先前向其所作陈述的证言并不具有"证言性",理由如下:(1)儿童年幼,无法对刑事司法体系形成认知,更不可能形成其陈述可能用于日后刑事指控的目的;(2)该庭外陈述并没

---

〔1〕 Melendez – Diaz v. Massachusetts, 557 U. S. 305 (2009), p. 324.

〔2〕 Melendez – Diaz v. Massachusetts, 557 U. S. 305 (2009), p. 310 – 311.

〔3〕 Davis v. Washington, 547 U. S. 813 (2006), p. 823 ("a 'primary purpose' of establish[ing] or prov[ing] past events potentially relevant to later criminal prosecutions.").

〔4〕 Davis v. Washington, 547 U. S. 813 (2006), p. 826.

〔5〕 Ohio v. Clark, 135 S. Ct. 2173 (2015).

有执法机构或及法院的介入,因而并不具有“指控性”;(3)虽然如教师或学校等教育机构对虐待或性侵儿童事件负有向执法机关报告的义务,但该报告义务在判断证言性与否上是不相关的。

综上所述,Crawford 案推翻了 Roberts 案,从根本上改变了现有规则,即割裂了传闻例外与对质条款之间的关系,从而承认了“对质”本身的程序性意义。对 Roberts 可靠性标准的抛弃被称为 Crawford 案“唯一最重要、影响可能最深远的裁判结果”。[1] 根据 Crawford 案确立的“明线标准”,即采纳证言性庭外陈述违反对质条款,[2] 可靠性并不是对质条款关注的要点,为被告人提供程序性保障才是。[3] 庭外陈述仅有“可靠性印记”并不足以替代辩方对庭外陈述人的交叉询问,对质条款具有独立的程序性价值与功能。[4]

三、对质权标准是最后的胜利吗?

(一)对质权标准在司法实践中遭遇困境

1. 判例法“二分法”的模糊性可能造成法律适用不统一

不出所料,Crawford 案一经作出,便遭到理论界与实务界的广泛批评。首先招致的批评集中于 Crawford 案的“二分法”。批评论者认为,Crawford 案对庭外陈述证言性与非证言性所作的二分法既是“武断的”,又是“模糊的”;而把对质权调整对象界定为“证言性庭外陈述”则限缩了其宪法性功能;判断证言性的“主要目的标准”导致司法实践中法律适用不统一。诚然,用概念来确立规

---

〔1〕 Jules Epstein, *Avoiding Trial by Rumor: Identifying the Due Process Threshold for Hearsay Evidence after the Demise of the Ohio v. Roberts "Reliability" Standard*, 77 UMKC L. Rev. 119, 120 (2008).

〔2〕 Crawford v. Washington, 541 U.S. 36 (2004), p.68.

〔3〕 有关证言性与非证言性陈述的区分,请参见下文详述。

〔4〕 Crawford v. Washington, 541 U.S. 36 (2004), p.61, 67-68.

范,又通过界定概念来模糊规范的本真含义、稀释规范的作用力、缓和规范的张力,是美国联邦最高法院的一贯做法。其一,规则的模糊性导致法律适用不统一。法官进而享有可供自由裁量权的“操作空间”,将规则适用于个案不同情形时,却得出不同的后果。其二,联邦最高法院通过一案一判建构规则的司法实践极易造成对质条款新规则的碎片化,削弱其实际约束力。[1] 其三,标准的“灵活性”给判例法解释对质条款及其与传闻例外的关系提供了较大的空间,二者之间的关系便一直处于变动之中。稳定性与可预测性的缺乏进一步给刑事司法体系带来自洽性与融贯性危机。

2. Crawford 标准增加了刑事指控成本

把对质权作为庭外陈述采纳与否的标准,给控方增加了更为严格的证明要求,从而提高了指控成本。在检验人员不出庭的情况下,控方如欲提交其检验报告,则应就促使检验人员出庭尽善意义务,并保障辩方庭前交叉询问的机会。实际上,在司法实践中,控方对鉴定人不可得性与先前交叉询问这两个要件的证明几乎是可控的。除非检察官主观不愿,司法实践中二要素通常很容易实现。此时,影响检察官意愿的外在因素一般有时间成本、司法资源、案件处理效率等,这些外在因素在个案中往往是部署指控策略、推动程序进展的决定性因素。

排除证言性庭外陈述的做法增加了某些类案件的指控难度,使刑罚目的落空。以家庭暴力类案件为例,此类案件案发多是被害人主动报案,且证据线索也多“源于”被害人。报警时的 911 电话录音,或者警察上门询问时所作询问笔录等均可作为表明犯罪事实发生的直接证据。如果实践中被害人出于各种不同的理由,如迫于施暴人的心理压力、害怕婚姻关系破裂、恐惧遭到报复、不

---

[1] [美]克雷格·布拉德利:《刑事诉讼革命的失败》,郑旭译,北京大学出版社 2009 年版,第 70 页。

施暴者因刑事指控而被定罪服刑等,而不愿意出庭作证。那么,根据 Crawford 案,911 电话录音、审前询问笔录、警察对询问的转述等则属于证言性庭外陈述,不具有可采性。排除此类证明力较高的被害人证言,即使有诸如被害人受伤的照片、被害人就诊报告等实物证据,也很难成功起诉此类事件。

以违反对质权为由排除科学证据似乎不符合所谓“成本—收益权衡标准”。根据当前的司法经验,科学证据在给无辜被告人洗冤方面扮演着至关重要的角色,要求执行科学检验的分析人员出庭接受交叉询问似乎并不能阻止错误定罪的发生。[1] 以无法交叉询问为由排除可靠的科学证据可能与指控犯罪的公共利益、真实发现的诉讼目的等相冲突。

3. Crawford 标准成为法庭科学证据可采性的障碍

通常,司法实践中,控方以“宣誓证言书”(affidavit)的方式向法庭提交法庭科学检验分析报告(如毛发鉴定、指纹鉴定、弹道测试报告、DNA 检验结果等)。考虑到指控资源、指控效率、时间成本、证言的证明力等综合因素,法庭科学分析人员往往不被传召出庭作证。此时,关键问题在于:该宣誓书作为具有传闻属性的庭外陈述,是否具有可采性。根据 Roberts 案确立的可靠性标准,宣誓书属于受到可靠性担保的传闻,因此采纳该证据并不违反对质权;然而,根据 Crawford 规则,该宣誓书则属于证言性庭外陈述,因而不具有可采性。

根据司法实践的一般经验,法庭科学证据通常均具有“证言性”,即具有用于刑事指控的目的,这意味着专家接受辩方对质是一种必然要求。首先,证据保管链条环节中,分析人员鉴定检材属性或作比对、匹配的同时,往往能够获知与该检材相关的案情,一

---

〔1〕 Eric Nielson, *The Admission of Scientific Evidence in a Post – Crawford World*, 14 Minn. J. L. Sci. & Tech. 951 (2013), p. 981 – 982.

般会合理地推断其分析结果可能会用于日后的刑事指控。其次，如果法庭科学分析机构原本就设置于侦查机构内部，那么检验分析行为就是于法律执行人员有涉的。最后，法庭科学类专家意见往往用于证明其认定结论的真实性，属于实质性证据。如此一来，Crawford 标准可能成为科学证据可采性的障碍。

（二）庭外陈述采纳问题包含的固有难题仍然未有定论

对质条款新规则给科学证据可采性带来的“排除效果”是否仍将继续？最初目的标准的判断标准是否终将变成多要素的“机械性叠加”？更深远的问题也许是：Crawford 规则的未来将往何处去？答案或许隐藏在美国联邦最高法院就不同类科学证据可采性所作系列判例的意见结构中。以最初目的审查内容为例，相关判例的意见格局（异议、附带意见的比例）表明 9 名大法官之间存在观点分歧。大法官在对质条款新规则方面的意见格局正慢慢地发生变化，尤其执笔撰写并坚定拥护 Crawford 案多数意见的 Scalia 大法官去世之后，这种变化也许将是巨大的。

毋庸置疑，美国联邦最高法院在庭外陈述采纳标准这一问题的态度上几经转变，在形式上已经说明其复杂性。这些难题多涉及不同价值之间的衡量以及如何论证其正当性，如采纳证据与排除证据的选择、自由裁量权行使的限度（如何防止其权力滥用）、对质权的程序性保障与传闻法则的可靠性担保的协调、真实发现与程序公正的平衡、被告人权利保护与指控犯罪的公共利益之间的衡量等。这些问题是宪法、刑事诉讼法以及证据法领域的固有难题，多数仍然未有定论。

虽然面临困境与批评，但不可否认，宪法对质条款亦即被告人对质权具有独立的程序性价值，该价值的正当性及其彰显并不依附于传闻法则。具有可靠性保证的传闻例外仅仅是对可靠性的保障，但并不能豁免被告人与不利证人对质的程序要求。Crawford

规则除了承认交叉询问对可靠性保障的作用之外，还强调保障辩方交叉询问的程序性权利本身的重要性，并且指出对质权防止公权力（检察官控诉权、法官裁判权）滥用的功能。因此，无论联邦最高法院在判例法中如何“裁剪”其形状，前述两项独立价值都牢固地内嵌于普通法传统以及宪法文本之中。

四、社会科学证据的可靠性之我国实践与展望

（一）传闻性言词证据的可靠性检验应证据规则与程序规则并重

我国法并不存在所谓的传闻排除法则，亦未明确赋予被告人和于其不利证人对质并交叉询问的权利，[1] 如此，制定法层面自不存在所谓二者之间的交叠与冲突。但这并不意味着我国法不存在大量采纳具有传闻性质的庭外陈述、庭审并未真正贯彻实质化等实际问题。司法实务中，证人、鉴定人、被害人不出庭，由控方于庭上宣读证人证言、鉴定意见、被害人的现状一直遭受诟病，并被归为我国刑事诉讼几大顽症之一。[2] 这些长期存在的旧问题未妥善解决的情况下，检验报告、调查报告等新型证据附带的传闻风险如何防控亦未得到足够的关注。

在传闻法则这一可采性规则语境下，庭外陈述可作为证据采纳，此为保障真实发现之目的的思路。Roberts 案中，法院把证据的真实性或可靠性作为审酌标准，采取了实体上的结果主义立场。法院“人为地”限缩了对质条款保障真实发现以外的其他功能，尤

---

[1] 参见易延友：《中国刑诉与中国社会》，北京大学出版社 2010 年版，第 168 页。

[2] 有关“刑事证人出庭”问题，参见左卫民：《刑事证人出庭作证程序：实证研究与理论阐析》，载《中外法学》2005 年第 6 期；胡云腾：《证人出庭作证难及其解决思路》，载《环球法律评论》2006 年第 5 期；易延友：《证人出庭与刑事被告人对质权的保障》，载《中国社会科学》2010 年第 2 期等。

其是其在程序层面的独立价值。与 Robert 案对可靠性的偏好类似，我国法传统上偏重实体（正义）甚于程序（正义），偏重裁判结果甚于庭审过程。受到这种偏差理念的影响，我国立法与修改也对程序性事项的关注较为“松懈”。为了扭转这种立法与司法偏差，我国法当前首要要务在于正确认识程序的独立价值，及其对刑事司法乃至整个法律体系的重要意义。而对质权作为同时具有多重功能的正当程序要素之一，则是推动我国法立法与司法改革的契机。

在专门知识上，控辩双方存在武器不对等、知识不平等的权力—权利失衡局面。辩方不太可能获得己方专家证人或者可以咨询的人。美国有学者研究表明，越来越多的有罪判决案件显示，控方专家证人根本没有遭遇辩方专家质证。[1] 还有学者认为，对质条款的适用可能在实践中遭遇专家资源匮乏的窘境，更甚者，美国联邦与各州绝大多数案件通过辩诉交易解决，这导致对质条款几乎没有起作用的空间。[2] 我国法同样遭遇“理想与现实的落差”。我国有学者对鉴定意见的质证与采信开展的案例研究表明：法庭上，辩护律师很少对控方鉴定意见质疑，而少数质疑的辩护意见，法院判决书显示鲜少采纳。专家辅助人参与质证的效果也极为有限。[3]

针对庭外陈述的采纳，我国现行法适用印证证明规则，即“表

---

〔1〕 Neil J. Vidmar & Regina A. Schuller, *Juries and Expert Evidence: Social Framework Testimony*, 52 Law & Contemp. Probs. 133 (1989), p. 159.

〔2〕 尽管如此，但是美国联邦最高法院的“理想”在负荷超载的司法实践中遭遇“现实困境”，法证专家如都出庭则会进一步加剧专家服务资源匮乏的窘境。更甚者，美国绝大部分比例的案件均通过辩诉交易的方式解决，对质条款恐怕没有起作用的空间。参见[美]苏珊·哈克：《专家证据：美国的经验与教训》，邓晓霞译，载《证据科学》2016 年第 3 期。

〔3〕 参见胡铭：《鉴定人出庭与专家辅助人角色定位之实证研究》，载《法学研究》2014 年第 4 期。

面可靠标准”。通过考察证据之间的一致性，判断证据是否得到印证或者证据之间是否可以互相印证，该印证效果被认为具有可靠性，据此作为法官采信的标准。我国法忽略了对质权这一兼具程序价值与证据意义的关键要素。我国法并未明确赋予被告人和不利于己的证人（广义的证人）对质的权利，这已经是被告人权利保障的最大疏失之一。无疑，对质这一兼具权利保障、程序价值、证据意义的机制，并没有得到我国刑事司法体系足够的重视。

我国当前正深入推进“以审判为中心”的庭审改革，在进一步推进改革的过程中，需注意以下问题：

其一，制度上应当对调整证据采纳的规则作如下区分：以保障真实为目的的排除规则，与非以保障真实为目的的排除规则。[1]前者主要是可采性规则，如传闻法则、品格证据规则等，受证据法调整；后者则主要是源于宪法及其他制定法的排除规则，如排除违反被告人对质权、辩护权所得证据的宪法规则。在区分两种机制之后，明晰二者不同的价值选择与功能定位，避免因为认识不清、定位不准导致立法与司法的错位。在非真实发现之外，庭外陈述是否可采仍然受制于宪法对质条款之约束：即使是采纳可靠性受到保障的庭外陈述，亦可能剥夺了被告方于己不利证人对质的权利，因违反宪法规定而导致证据不可采。通过对美国法的比较研究亦可窥见这两种机制的“分野”。

其二，更新诉讼理念，认识到辩方享有的程序性权利的独立价值。发现真实的手段与发现真实一样重要，而约束真实发现手段的有效机制便是辩方的程序性权利。当下我国刑事司法领域有两种需要警惕的倾向：一是立法与司法实务对真实发现、实体正义的追求，以至于忽略了真实发现之手段、程序正义的重要性，或者是

---

〔1〕 参见［美］米尔吉安·R.达马斯卡：《比较法视野中的证据制度》，吴宏耀、魏晓娜等译，中国人民公安大学出版社2006年版，第96页。

把前者作为牺牲后者的正当性理由。这是我国法上固有的“理念偏差”。二是刑事司法学者过分追求程序正义价值的至高性，认为遵守程序所得结果便是合乎实质正义的，也可以为裁判结果的准确性与可接受性提供正当性。此举未免矫枉过正。过分偏重实体正义与过分偏重程序正义的做法均非妥当之举。

其三，诚然，当前我国刑事司法的首要难题在于如何通过保障辩方正当法律权利的充分有效实现，彰显刑事程序的独立价值，但是，仅确立“宣示性权利”的单纯举措是不充分的。我国法实质真实发现的诉讼构造与对抗制形式真实发现模式不同，在控辩失衡的实然之下，单纯通过“宣示权利”的做法无法实现实质上的控辩平等。反而，我国法应当在完善辩护制度的基础上，通过约束控方权力与法院裁判权的方式扭转控辩失衡的状态。

（二）社会科学专家出庭是手段而非目的

2021 年《刑诉解释》承认事故调查报告的证据资格以及可以作为定案根据的资格之后，司法实践中就要面临如何在法庭上出示以及质证等程序性问题。就社会科学证据而言，尽管提供此类证据的主体并不属于鉴定人，但仍可以归入有专门知识的人，可以作为专家辅助人的身份辅助质证。但不可否认，我国现行法对于此类证据的举证质证等规定均是模糊不清的，无法给司法实践提供明确的指引。对于鉴定意见、证人证言等言词证据，学界普遍见解是强调鉴定人出庭、证人出庭。对于报告类证据乃至更广义上的社会科学证据，应当也会遵循“出庭”这个传统思路。诚然，鉴定人、证人出庭对于我国刑事司法体系而言意义重大，其是实现庭审实质化的前提，但出庭本身并不是目的。为此，有必要对一味强调“出庭”的见解进行理论反思。

我国立法与司法对刑事鉴定乱象的认识似乎“定位不准”：一直以来，鉴定人不出庭或鉴定人出庭率低被批判为中国刑事司法的一大顽症。该见解单纯把鉴定人不出庭或鉴定人出庭率低这一形式性的“表象”作为刑事鉴定领域矛盾性问题之所在,并未深究其背后的深层原因。在该偏差性理念的影响与指导下,以促进鉴定人出庭为目的,我国《刑事诉讼法》于2012年作出了相应修改,对鉴定人出庭提出新的要求,同时还增加规定:控辩双方可以申请对有专门知识的人作出的鉴定意见提出意见。[1] 然而,此番修法用鉴定人出庭掩盖了鉴定意见的采纳标准(可采性规则)。

尽管鉴定人出庭被视为当前促进庭审实质化的重大举措之一,但相关制定法至少陷入以下两个理论与实践困境。其一,我国法为了促使鉴定人出庭,规定辩方对鉴定意见有异议的(且法院认为有必要的),鉴定人应当出庭;鉴定人没有正当理由不出庭的,鉴定意见不得作为证据采纳。[2] 据此,在法定条件下,鉴定人出庭似乎作为鉴定意见具有可采性的前提条件之一。此时,既不考虑鉴定意见的可靠性,也不考虑被告人辩护权如何实现及实现与否,概括性地否定鉴定意见的证据能力与证明力,似有“矫枉过正”之嫌。其二,鉴定意见不存在争议,鉴定人未出庭时,书面鉴定意见则“自动进入法庭”,其证据资格亦未成为争点。尽管辩方对该鉴定意见并未提出异议,但由控方当庭宣读的做法仍然意味着,对该鉴定意见缺乏实质性的法庭调查。这两个理论与实践困境与我国法缺乏鉴定意见可采性规则不无关系,尽管采纳或排除证据是法律赋予法院的裁量权,但该裁量权并不是任意的。尤其当下我国对可采性规则与证明力自由判断未作区别的立法模式下,鉴定意见可采性的预备性证明被立法豁免,法院直接根据审查判断规则对其作证明力评价。因此,鉴定意见的可采性规则直接被鉴定意见的证明力规则掩盖掉了。

---

〔1〕 2012年《刑事诉讼法》第187条、第192条第2款。
〔2〕 2012年《刑事诉讼法》第187条第3款。

我国刑事鉴定制度的改革举措侧重“鉴定人出庭”这一形式性、程序性行为，而且鉴定人出庭的确可以作为检验鉴定意见可靠性的方法，却依然无法填补我国法缺乏鉴定意见可采性规则的空白。但此举并非对我国法核心症结的正确诊断，亦未触及问题的核心。鉴定人即使出庭也并不能妥善解决我国刑事庭审对鉴定意见质证不足、法院对鉴定意见“过分信赖”的司法现状。鉴定人出庭仅仅是对鉴定人“行为”的外在要求；促使鉴定人出庭并不是目的，而仅仅是手段；最终目的在于通过控辩双方的论辩，促使法庭判断鉴定意见的可靠性——落脚点在于鉴定意见，而非鉴定人。[1]

增强庭审中控辩双方的对抗性已经成为一种共识，以此为理念基础，我国《刑事诉讼法》几次修改，均在不同程度上、不同层面上将其逐步具体化为“纸上的法”。然而，如此仍尚不充分。制定法和学术界均未突破“出庭”的框架，甚至被“出庭”这一表面举措所桎梏。“出庭”这一举动并未触及问题的症结。诚然，证人、鉴定人出庭之于当下我国刑事司法体系而言固然重要，但促使其出庭并非最终目的，而仅仅是一种外在的方式或方法，仅仅具有工具主义价值。

---

〔1〕 该论证仅选择证据法上的可采性规则这个层面；诚然，鉴定人出庭还有其他目的与功能，如保障辩方的对质权、防止公诉权滥用等。

第六章　整合模式下专家辅助人角色与功能的制度延伸

一、专家辅助人的“双重危机”

2012年《刑事诉讼法》新增加了专家辅助人[1]制度，第192条第2款规定：“公诉人、当事人和辩护人、诉讼代理人可以申请法庭通知有专门知识的人出庭，就鉴定人作出的鉴定意见提出意见。”[2]在立法层面，此举是对鉴定意见质证方式的改革，有助于削弱“唯鉴定意见主义”的消极影响，无疑有利于提高对鉴定事项认定的科学性，增强庭审中控辩双方的对抗性，最终助力于法庭准确认定事实并妥当适用法律。[3] 专家辅助人对于辩方而言无疑

---

〔1〕 学术界通常将“有专门知识的人”简称为“专家辅助人”，本书认为该称谓实际上有失严谨。其一，“专家”一词并非我国现行法律的规范性语言，且容易与英美法上的“专家证人”产生混淆；其二，《一审法庭调查规程（试行）》实施之后，尽管仍以辅助质证为主，“有专门知识的人”可以就专门性问题提出意见，因而具有相对独立性。尽管有如此考虑，但该词已经为民事诉讼学界、刑事诉讼学界所通用，为避免无谓的概念辨析，本书暂时仍用该词，请读者予以甄别。

〔2〕 此款规定于2018年《刑事诉讼法》第197条第2款。

〔3〕 也有观点表示专家辅助人可能不利于诉讼效率的提高，参见章礼明：《评“专家辅助人”制度的诉讼功能——借助于新〈刑事诉讼法〉实施之后司法首例的分析》，载《河北法学》2014年第3期。该文指出，“专家辅助人的利益倾向性以及质疑鉴定报告的简易方式将带来更多的分歧意见，进而对诉讼效率产生较大的负面作用。……但由于专家辅助人质疑方式以及鉴定意见审查判断的特点，它无法保证法官对鉴定意见获得正确判断。……这项制度无法保障鉴定意见的质量提高。而且，专家辅助人制度不仅不能减少‘重复鉴定’，反而有可能诱发更多的‘重复鉴定’，损害司法效率，进而出现它的负面功能”。

具有重要的意义,其可以辅助辩方质证;对于控方而言,也有助于社会科学证据的展示与解释。专家辅助人的引入,有助于法庭对社会科学证据可靠性的检验,亦有助于消除或矫正法官(尤其是外行事实认定者)的认知偏见。

然而,2012 年《刑事诉讼法》及相关司法解释并未明确专家辅助人诉讼地位,亦未规定其就鉴定意见所提意见是否具有证据资格,仅规定了可参照鉴定意见适用的示证、质证等程序性规则。立法不明致使专家辅助人面临双重危机:身份定位不清晰,所提意见的证据资格亦不明确。现行法的“语焉不详”成为司法实务部门“躲避问题”的借口,专家辅助人身份被虚化,其提出的意见之于鉴定意见质证起到的作用极为有限。在司法实践中,尽管专家辅助人出庭用于质证,对于法院而言,如何对待其质证意见似乎“无法可依”。加上我国法尽管并未明确规定证明力规则,但在鉴定意见的审查判断上,法院更倾向于肯定鉴定人的可行性及其鉴定意见的可靠性。可以认为,专家辅助人的质证作用实际上并未得到有效发挥。有学者悲观地认为,专家辅助人制度的积极影响“在新刑事诉讼法实施以来,几乎可以忽略不计”。[1]

为维护证据法体系乃至刑事诉讼法体系的自洽性,以及刑事司法实践中法律适用的统一性,本章以教义学分析为论证进路,以在刑事程序中找准专家辅助人在刑事程序中的身份定位,在证据法体系内论证其质证意见及独立意见的证据资格及其对刑事证明的意义。

(一)专家辅助人的“身份危机”

专家辅助人与鉴定人的界限表面清晰实则模糊。身份定位的

---

〔1〕 胡铭:《鉴定人出庭与专家辅助人角色定位之实证研究》,载《法学研究》2014 年第 4 期。

模糊性让专门知识的人迷失在多个诉讼主体之间,[1]如何适用具体的诉讼程序、就鉴定意见提出的意见的证据资格等进而成为一系列亟待澄清的问题。

根据现行法律的规定,专家辅助人与鉴定人存在本质区别,是故并不能把两者的诉讼权利、义务等同。其一,鉴定人执业遵循严格的行业准入机制,专家辅助人则否。其二,鉴定人具有独立的诉讼地位,其作出的鉴定意见属于法定证据种类之一,可作为法庭认定事实的依据;专家辅助人则否,虽然作为辅助质证的人,但其诉讼地位及其意见的证据资格均具有模糊性。其三,侦查机关和法院有权决定是否聘请鉴定人,当事人、辩护人和诉讼代理人则只能申请补充鉴定或重新鉴定;就是否聘请专家辅助人,公诉人、当事人和辩护人、诉讼代理人均有权聘请并申请法庭通知该人到庭。然而,2018 年《刑事诉讼法》及相关司法解释的规定又表明专家辅助人与鉴定人、证人存在多方面的共性。譬如,2018 年《刑事诉讼法》第 197 条第 4 款规定,有专门知识的人出庭,“适用鉴定人的有关规定”;另外,2021 年《刑诉解释》规定,对有专门知识的人的询问、发问适用证人的相关规定,如第 261 条、第 263 ~ 265 条等。参照式规定实际上规避了有专门知识的人在身份上的特殊性,掩盖了其作为意见证人(及其意见证言)的本质。

体系性地考察与专家辅助人相关的法律文件可知,其身份特征从“附属性”逐渐演变为“相对独立性”。[2] 2018 年 1 月 1 日起试行的《一审法庭调查规程》第 26 条第 1 款的规定似乎加剧了专

---

〔1〕 参见胡铭:《专家辅助人:模糊身份与短缺证据——以新〈刑事诉讼法〉司法解释为中心》,载《法学论坛》2014 年第 1 期。作者指出,“从新《刑事诉讼法》的司法解释来看,专家辅助人的身份具有模糊性,在证人、鉴定人、辩护人之间徘徊,尚缺乏明晰、独立的定位”。

〔2〕 也有民事诉讼法学者认为,民事专家辅助人兼具“从属与独立的二元属性”,参见李永泉:《功能主义视角下专家辅助人诉讼地位再认识》,载《现代法学》2018 年第 1 期。

家辅助人身份及其意见的资格问题的模糊性。[1] 该条款“突破”了《刑事诉讼法》的规定，规定专家辅助人除了协助本方就鉴定意见进行质证之外，还规定其可以单独对专门性问题提出意见。[2] 与之类似，2018 年最高人民检察院《关于指派、聘请有专门知识的人参与办案若干问题的规定（试行）》（以下简称 2018 年《有专门知识的人参与办案规定》）也进一步明确并细化了专家辅助人参与办案的行为范围。[3] 然而，专家辅助人的身份定位及其所提意见的证据资格仍然具有模糊性，这个双重危机随着司法实践的推展很可能会进一步加剧。

造成专家辅助人双重危机的根本原因在于《刑事诉讼法》立法不明确。若该危机得不到妥善解决，既不利于专家辅助人制度的贯彻，也无助于促进法庭质证的充分性与有效性，甚至可能有碍庭审实质化的实现。如果专家辅助人最终沦为形式，则长期以来我国法存在的错误理念仍将对刑事司法体系带来消极影响，即鉴定意见具有被推定的可靠性。尤其是，在我国当前尚未建立起体系性的鉴定意见可采性规则的立法背景下，偏重形式性审查的审查判断证据规则无法帮助作为科学外行的法官审视鉴定意见的“内在”。广受学者批判的专家垄断事实，甚至僭越法庭事实认定

---

〔1〕 本款规定：“控辩双方可以申请法庭通知有专门知识的人出庭，协助本方就鉴定意见进行质证。有专门知识的人可以与鉴定人同时出庭，在鉴定人作证后向鉴定人发问，并对案件中的专门性问题提出意见。”

〔2〕 刑事专家辅助人在诉讼中可以提出意见的范围大致可以等同于民事专家辅助人。民事专家辅助人作证范围，参见 2021 年修正的《民事诉讼法》第 82 条（“当事人可以申请人民法院通知有专门知识的人出庭，就鉴定人作出的鉴定意见或者专业问题提出意见”）；另见 2020 年修正的《关于适用〈中华人民共和国民事诉讼法〉的解释》（以下简称 2020 年《民诉法解释》）第 122 条第 1 款。

〔3〕 参见该规定第 7～14 条。

权力的现象仍将存在于我国刑事司法体系之中。[1]

我国相关立法的暧昧态度是导致专家辅助人身份危机的直接原因。一方面，立法有意区别专家辅助人与鉴定人的本质差异，强调专家辅助人就鉴定意见提出的意见并不属于法定证据种类之一，而仅仅为鉴定意见的质证提供辅助性作用，从而将其与鉴定人区分开来。另一方面，却规定专家辅助人与鉴定人、证人适用相似的程序规则。立法上的淆乱可以归因于对专家证言、意见证据等概念与理论的混淆，以及对专家辅助人、鉴定人的制度定位存在模糊认识。[2]

（二）专家辅助人意见的“证据资格危机”

司法个案中，专家辅助人所提意见的证据资格（尤其当其为辩方所申请时）也常遭到质疑。比如，“林某浩故意杀人案”二审中，一审专家辅助人当庭所提意见的证据资格问题被掩盖了。部分原因在于彼时适用的2012年《刑事诉讼法》本就回避了这个问题。本案庭审中，控方和辩方均认为被害人黄某最终死于多器官功能衰竭，但对诱发并导致死亡的原因存在争议。控方鉴定人认为被害人黄某属于二甲基亚硝胺中毒致急性重型肝炎引起的急性肝功能衰竭，辩方专家辅助人则认为被害人黄某系暴发性乙型病毒性肝炎致急性重型肝炎。依据2012年《刑事诉讼法》的规定，本案辩方专家辅助人只能就鉴定意见提出意见，即针对鉴定人提出的死因判断提出意见。然而，专家辅助人还就死亡诱因作出了独立判断。该判断在当时引发理论界与实务界乃至鉴定行业的广

---

〔1〕比如，有学者对庭审上“专家垄断事实”的现象进行批判，如参见史长青：《科学证据的风险及其规避》，载《华东政法大学学报》2015年第1期；另见谢澍：《刑事司法证明中的专门知识：从权力支配到认知偏差》，载《法律科学（西北政法学院学报）》2018年第4期等。

〔2〕胡铭：《鉴定人出庭与专家辅助人角色定位之实证研究》，载《法学研究》2014年第4期。

泛争议。

本案二审裁定书并未认可专家辅助人就鉴定意见提出的意见，认为其当庭发表的“黄某系暴发性乙型病毒性肝炎致急性肝坏死，最终因多器官功能衰竭死亡”的意见，“与查明的事实不符，不予采信”。[1] 控方尽管未对专家辅助人“越权”提出的意见提出异议，二审法庭裁定亦未对意见的不同内容（质证意见与独立意见）作出区分，仅概括性地“不予采信”该意见。

2018年《一审法庭调查规程（试行）》颁布施行之后，考察专家辅助人意见的证据地位与资格问题，有必要区别专家辅助人就鉴定意见提出的意见与就专门问题提出的意见。二者在很大程度上存在区别：前者属于为质证之目的提出的意见，具有辅助性；后者则属于独立性意见。如果林某浩案二审庭审发生在《一审法庭调查规程（试行）》颁行之后，专家辅助人提出独立意见则不存在合法性质疑，但仍然面临如下问题：质证意见与独立意见的证据资格如何？

刑事诉讼法学者往往就该问题与民事专家辅助人作比较研究。最高人民法院2020年《民诉法解释》第122条第2款则规定：“具有专门知识的人在法庭上就专业问题提出的意见，视为当事人的陈述。”[2] 尽管民事诉讼法学者对此颇有质疑，[3] 但如果对该界定作正面解读的话，可以认为：毋庸置疑，根据我国现行法关于证据种类的规定，专家辅助人意见并不属于其中一种，但不可否认其具有刑事证明上的作用与意义。在证据地位与可靠性上，专

---

〔1〕 参见林某浩案，上海市高级人民法院（2014）沪高刑终字第31号刑事裁定书。

〔2〕 参见2020年《民诉法解释》第122条第2款。但最高人民法院《关于民事诉讼证据的若干规定》（2019年）对此则没有作出进一步的解释，亦未明确肯认其可视为当事人陈述的形式。

〔3〕 参见窦淑霞：《法官对专家辅助人意见的采信与心证形成的路径分析》，载《法学杂志》2018年第2期。

家辅助人意见显然低于鉴定人，但大致可以等同于当事人陈述。然而，《一审法庭调查规程（试行）》颁行之后，刑事专家辅助人的权利范围大致与民事专家辅助人相类似，但是否可以参照《民事诉讼法》的规定，将其等同于当事人陈述？答案显然是否定的。较之民事证据的法定种类，刑事证据种类的意义更甚，即被告人、被害人的诉讼地位及其权利义务显然不能与民事诉讼当事人类比。

刑事专家辅助人与民事专家辅助人在身份上的本质区别源自诉讼权力结构的差异。其一，民事诉讼以当事人程序自治为主，而刑事诉讼则无法如民事诉讼那般在相当程度上赋予控辩双方程序自治权或程序处分权。因此，《民事诉讼法》赋予当事人自行选择对“专门性问题”的解决方式，可申请鉴定，可申请专家辅助人就鉴定意见提出意见或对专门问题提出意见。换言之，刑事诉讼领域，对专门性问题的解释、说明仍以鉴定人鉴定为主。其二，与其一相关，出于对控制犯罪、社会秩序等公共利益的追求，刑事诉讼更侧重国家权力的行使，诸如法医鉴定、物证鉴定、声像鉴定等刑事鉴定作为控方指控犯罪的证据手段，辩方则相对不可平等地近用（inaccessible）。

立法不明确造成法律适用的困境，实务中法院倾向于“不予考虑”。在司法实践中，尽管专家辅助人可以参与对鉴定意见的质证，提出意见或向鉴定人发问，但法庭在审查判断证据时仍以采纳鉴定意见为主。不予采纳有专家辅助人就鉴定意见提出的意见的，法庭在裁判文书中往往不阐释理由，不展开论证，仅一句否定带过。立法不认可专家辅助人质证意见的证据能力自有维持现行法有关证据种类的规定的考量，但如果该意见无法对鉴定意见的质证起到实质作用，立法很有可能被司法实践虚置从而成为“一纸空文”。更甚者，专家辅助人在法庭上可能沦为搪塞辩方就控方鉴定意见展开攻防的“摆设”，立法目的恐怕终会落空。

二、摆正专家辅助人的位置:解决双重危机的教义学路径

专家辅助人在诉讼中身份不明、地位模糊直接影响其制度功能的发挥及其制度价值的实现,学术见解大多主张修法以明确其诉讼地位,认为如此方能使专家辅助人及其意见具有合法性与正当性。诚然,制定法不能枉顾社会变迁和实践变化,“应对式立法”直接修法固然是解决制度性问题的直接路径与根本举措,但并不能作为刑事司法体系完善的常规路径。其一,制定法要维持相当的确定性、稳定性与自洽性,这些特性在相当程度上需要借由体系性解释得以实现。其二,即便根据司法实践变化、回应司法实务需求而修改立法或者出台新的司法解释,理论界与实务界仍将面临法律规范如何一致适用、证据法理论体系如何自洽的根本问题。法律适用既要遵循法律文本的规定,也要致力于在不同的个案中保持一致性。因此,法律适用在某种意义上作为内嵌自然推理、法律推理等的“一般性思路”,其运作规律具有一定程度的可循性。其三,如何保持所立与所修之法在保持其内在自洽性的前提下,同时保持与实务部门适用法律之间的一致性,既是立法与司法共同关注的焦点,也是法学研究的核心问题。因此,就专家辅助人的身份危机而言,目前需要解决的问题在于:在现行法体系的框架内,是否能够找到一种兼具合法性、合理性与正当性的危机解决路径?

(一)作为诉讼参与人的专家辅助人

造成专家辅助人在“身份归属”上尴尬处境的制度性原因在于:我国立法将被害人、被告人、鉴定人与狭义证人并列列举。详言之,我国法对证人的狭窄界定,并将鉴定人单列的立法例割裂了被害人、目击证人等事实证人与专家证人等事实证人均作为广义上证人的内在同一性,从而导致归属上的混乱及理论体系的不自

洽。根据现行法,专家辅助人既不属于我国法上的“证人”,也不属于“鉴定人”,但不可否认,专家辅助人因被制定法所规定而具有合法的主体地位。

从比较法的视角观之,专家辅助人大致可归属为英美法意见证人的范畴,但又不能将其完全等同于专家证人。意见证人并非我国法概念。英美证据法认为,事实证人与意见证人均为广义上的证人,前者指对案件事实具有亲身感知的证人,如目击证人、被害人,以及决定出庭作证的被告人等;后者则指掌握特定领域专业知识或专业技术的专家证人或非专家证人(外行专家证人)。根据该界定,由于我国法上专家辅助人是对鉴定人作出的鉴定意见提出意见或就专门性问题提出意见,即在法庭上所呈现的是基于自身专业知识所提出的“意见”,因此大致可将其作为(但并不完全等同于)专家证人,从而被划归为意见证人的范畴。《一审法庭调查规程(试行)》颁行之前,对此尚有疑问,但该规定颁行之后,则不存在理论障碍。

就专家辅助人的诉讼地位而言,目前首要任务是在现行法框架内,以当前司法实践为基础,如何将新法增加的主体纳入刑事程序中来。学者一般认为,专家辅助人与证人、鉴定人、辩护律师存在本质差别,不宜归为其中一种类,而应当被视为“独立的诉讼参与人”,[1]如此,对专家辅助人“资质、收费、权利、义务等具体问题的探讨也才可能有较为妥适之方向”。[2] 该见解主张承认有专家辅助人享有独立的诉讼地位,本章对此予以认可。专家辅助人应当属于广义上的证人,考虑到证人与鉴定人均属于我国法上的

---

〔1〕 参见郭华:《专家辅助人制度的中国模式》,经济科学出版社 2015 年版,第 82~83 页。

〔2〕 胡铭:《专家辅助人:模糊身份与短缺证据——以新〈刑事诉讼法〉司法解释为中心》,载《法学论坛》2014 年第 1 期。

"诉讼参与人",[1]将专家辅助人纳入该范畴未有不妥。

故此,作为诉讼参与人,专家辅助人应当承担相应的诉讼权利,履行相应的诉讼义务。[2] 鉴于专家辅助人参与刑事程序的基础在于其对专门性问题拥有专门性知识,该专门性知识可以帮助事实裁判者认定事实。为避免专家辅助人"倾向性立场"的消极作用,应当强调其身份上具有客观性与中立性,[3]其所提意见应当合乎科学性质要求。[4] 此外,专家辅助人提供意见的行为属于受法证科学职业伦理规范调整的范围,应当遵守法证科学职业行为规则的要求,违反该规则要求则应受职业惩戒。[5]

(二)专家辅助人意见的证据属性

1. 对专家辅助人意见之证据资格的规范解释

有关专家辅助人意见的证据资格,学界通说认为其并不属于证据,主要理由在于其不符合我国《刑事诉讼法》所规定法定证据种类之形式。诚然,从规范层面分析,专家辅助人意见实在无法被归入其中一种。《刑事诉讼法》无法类比《民事诉讼法》,把专家辅助人意见作为当事人陈述。由于专家辅助人身份的特殊性,其意见也无法归为证人证言或鉴定意见。专家辅助人意见的资格危机同时凸显了我国法定证据种类的制度困境。

---

[1] 参见2018年《刑事诉讼法》第108条第4项。

[2] 参见2018年《有专门知识的人参与办案规定》第18~21条之规定。

[3] 参见李盛荣、张璇:《专家辅助人立场定位中的紧张关系及其消解——以知识产权审判为视角》,载《法律适用》2018年第5期;毕玉谦:《辨识与解析:民事诉讼专家辅助人制度定位的经纬范畴》,载《比较法研究》2016年第2期等。

[4] 2018年《有专门知识的人参与办案规定》第18条规定:"有专门知识的人参与办案,应当遵守法律规定,遵守技术标准和规范,恪守职业道德,坚持客观公正原则。"

[5] 参见王进喜主编:《司法鉴定职业行为规则建议稿与释义》,中国法制出版社2015年版,第6页、第15页。

如果从《刑事诉讼法》规范层面予以解读,专家辅助人意见并不属于“证据”。首先,在《刑事诉讼法》所规定的法定证据种类中,专家辅助人意见并未被列入其中,这也是实务界与学术界持否定说的主要理由。专家辅助人在身份上有别于证人、鉴定人,亦无法自洽地将其解释为证人或鉴定人,否则将进一步加剧合法性危机。

其次,如果从《刑事诉讼法》对证据的定义出发进行考察,专家辅助人意见是否属于证据也存有疑问。《刑事诉讼法》第 50 条第 1 款规定:“可以用于证明案件事实的材料,都是证据。”在此有必要对专家辅助人提出的质证意见和独立意见区别分析:(1)质证意见并非被用于证明个案特定事实,而仅仅被定位为对鉴定人作出的鉴定意见提出意见,即“对意见的意见”,因此自不具有证据属性。(2)独立意见有助于解决专门性问题,且与该专门性问题所依附的证据主张具有关联性,因此本质上属于意见证言。但根据我国法,意见证言仅限于专家的意见证言,即鉴定人证言,并不包括非鉴定人之外的专家意见。因此,专家辅助人的意见很难归入专家意见。综上,在制定法层面,专家辅助人意见不属于我国法上的法定证据种类,从而并不具有作为定案根据的证据资格。

然而,上述通说的论证逻辑尽管在形式上符合对我国《刑事诉讼法》的规定,但实际上却缺乏解释《刑事诉讼法》的体系性视角。专家辅助人的角色是由《刑事诉讼法》明确规定的,这就意味着该角色肯定能够自洽地融入法规范体系之中。对其角色地位的法解释学阐释要秉持《刑事诉讼法》内部原则与规定之间、诸法条之间的一致性。如果根据法条得出的解释反而否定了专家辅助人这一角色的合法性,那么值得反思的是:解释学路径可能出现了某种纰漏。确如通说所指出的,我国现行立法亦未明确规定专家辅助人意见的证据资格如何,甚至并未明确该意见对法庭最终的事实认定有何影响。但这种对立法所抱持的“事无巨细、全面覆盖”

的期待通常会落空,这是法律本身的滞后性所决定的。

为此,我们需要转向法学研究的基础方法——教义学,即对法律规范的体系性解读。教义学研究并不仅仅局限于相关法条,而是要将其置于整个刑事诉讼法体系之下,在秉持合法性、合理性与正当性等原则性要求的前提下,考察专家辅助人的身份及其意见的证据资格。

2. 对专家辅助人意见之证据资格的体系性解释

诚然,我国现行法对证据种类的列举式、封闭式规定在一定程度上局限了专家辅助人制度发挥其应有功能的空间。否定说得通说见解固然具有形式上的合法律性,却未尽充足正当性与合理性。即使专家辅助人的质证意见与独立意见并不属于我国法定证据种类之一种,但从证据教义学方法的规范性视角观之,该意见在实质上具有证据属性。主要理由如下:

首先,证据种类并不是证据的本质或内在属性,仅属于制定法对其作出的限制,而且是不合理、不正当的限制。一项"材料"或"信息载体",并不必然需要属于证据种类之一,方具有证据法或刑事证明上的意义。毋庸置疑,制定法不可能穷尽列举所有的证据种类。若因为立法列举不尽导致许多本质上具有证据属性的关联性证据排除在事实认定者视野之外,不仅影响事实认定的准确性,实际上也限制了控辩双方在证据与证明上的权利——这对于辩方而言尤其重要。因此,如果学者意欲对专家辅助人制度展开充分、有效的研讨,首先需要突破现行法证据种类的思想桎梏,将专家辅助人制度放置到刑事程序与刑事证据的宏观背景和整体框架下予以审视。

其次,就《刑事诉讼法》第 50 条第 1 款对证据的界定而言,所谓"案件事实"实际上可以作广义解读,即既包括实体性事实(有罪无罪、罪轻罪重等),也包括程序性事实与证据性事实。故此,专家辅助人的质证意见用于证明犯罪事实之外的目的,即用于增强或质疑鉴定意见的证明力或鉴定人的可信性,实际可归属为证据性事实。专家辅助人的独立意见则直接针对专门性问题,该专门性问题往往跟作为鉴定对象的实体性事实有关,如DNA分型、毛发、指纹等鉴定以及死因鉴定等,有助于识别被害人身份、比对行为人身份,或者从鉴定所得信息推理行为方式、因果关系等,这些均属于实体法构成要件上的要素性事实。

再次,专家辅助人的质证意见与独立意见实际上是以间接或直接的方式指向专门性问题这个待证事实。详言之,质证意见可被用作核实鉴定意见真实性间接方式,而独立意见可被用作核实鉴定意见真实性的直接方式。《刑事诉讼法》第50条第3款还规定:"证据必须经过查证属实,才能作为定案的根据。"那么,如何查证前述材料是否属实?查证这些材料是否属实的"方法"(可以是人的方法或物的方法),在查证这些材料是否属实上具有关联性,那么该用于查证属实的"方法"是否也属于证据?从功能上解读,用于查证属实的"方法"包括验真与辨认(主要针对实物证据)、为(广义上的)证人资格作铺垫及弹劾证人可信性等(针对广义上的证人证言)等。这些用于证明的证据方法尽管并非用于证明案件要素性事实的实质性证据(substantial evidence),但却有其特定的关联性与可采性,属于非实质性证据(unsubstantial evidence)。对此,除了美国法这一典型例证之外,《日本刑事诉讼法》采用了同样的立法例。《日本刑事诉讼法》引入交叉询问之后,学者多将该为了质疑证人等陈述的证明力的证据为弹劾证据,与此相对的一般证据则被称为实质证据。[1] 引入交叉询问制度的我国台湾地区同样存在弹劾机制,学者一般将证据分为通常证据与补助证据,前者是指证明主要事实或关联事实的证据,即日本

[1] 参见[日]松尾浩也:《日本刑事诉讼法》(下卷),丁相顺译,中国人民大学出版社2005年版,第26页。

学者所称实质证据，而后者则指与证明证据信用高低有关联的证据。

最后，如果从证据的内在属性即关联性的角度分析，专家辅助人意见兼具指向性（实质性）与功能性（证明性）。[1] 详言之，专家辅助人的质证意见在辅证或弹劾鉴定人可信性或鉴定意见可靠性上，具有相关性；专家辅助人的独立意见，在鉴定意见上的争议事实上，也具有相关性。理由在于：该专门性问题与要素性事实之间如果存在实质性关联，那么，专家辅助人就专门性问题提出的意见将有助于事实裁判者认定某项事实。再进一步论之，专家辅助人意见作为意见证言，也具有可采性。[2] 专家辅助人的质证意见或专门意见均以自己的专业知识为基础，且有助于法院作出事实认定。对此，也有学者认为，专家辅助人发表独立的专业意见亦可作为定案根据之一。[3]

本章认为，有必要挣脱现行法法定证据种类的桎梏，从证据属性、证据主张等角度出发，在关联性的框架内，肯定专家辅助人的质证意见与独立意见的证据属性，容许该意见进入法庭，纳入法院认定事实时心证的范围。

第一，区分申请专家辅助人的主体及主张。根据申请该专家辅助人出庭的主体及其所指向的证明主张的不同，可在个案中灵活把握专家辅助人意见的性质：（1）如为控方提出的辅助其鉴定意见质证的，则该专家辅助人提出的意见可视为鉴定意见的附加内容，属于控方证明体系的组成部分。此时，专家辅助人意见对鉴定意见证明力的增强作用则最终体现为法庭对该鉴定意见证明力高低的判断，而非对该专家辅助人意见本身的审酌。（2）如为辩

---

〔1〕 参见美国《联邦证据规则》规则401。

〔2〕 参见美国《联邦证据规则》规则702。

〔3〕 参见龙宗智、苏云：《刑事诉讼法修改如何调整证据制度》，载《现代法学》2011年第6期。

方提出的质疑控方鉴定意见的，则该专家辅助人提出的意见可视为辩护意见的组成部分，即虽未被明确列入证据种类，但仍属于法庭裁判时应当审查判断的范围。[1] 该解决思路在于通过证据提出主体的不同界定专家辅助人意见的属性，并没有对现行法证据种类进行修正，而是从整体上维持了现有证据法体系，节约了立法资源。

第二，区分专家辅助人提出意见的目的及主张。根据该专家辅助人提出意见的目的或所附的证明主张，对专家辅助人意见作如下划分：(1)将己方专家辅助人意见视为鉴定意见证明力的增强，即辅助于鉴定人可信性及其鉴定意见的可靠性等，大致属于鉴定意见的延伸；(2)将对方专家辅助人提出的意见作为弹劾证据，即主要针对鉴定意见证据的证明力，其本身并不属于实质证据。[2] 为了检验证人的可信性及其证言的可靠性，普通法设置了“证人弹劾”程序(impeachment)。[3] 弹劾的方式有两种：一是内在的弹劾，即通过直接对证人进行交叉询问来实现；二是外在的弹劾，即由另外一些外部证据，如另外一位证人或文书证据弹劾证人证言。用于外在弹劾的外部证据即弹劾证据。美国法还区分了专家证人的弹劾与外行证人的弹劾的不同，就前者而言，除了可以对专家证人的资格、中立立场或其专业能力、意见准确性等进行检验，还可以利用其他专家在相同领域公开发表的与该专家证人意见相左的权威性资料。[4] 一般而言，弹劾证据所包含的证据种类

---

〔1〕 左宁：《我国刑事专家辅助人制度基本问题论略》，载《法学杂志》2012 年第 12 期。

〔2〕 参见王进喜、李小恺：《论〈刑事诉讼法〉修改对司法鉴定活动的影响》，载《中国司法》2012 年第 9 期。

〔3〕 参见美国《联邦证据规则》规则 607。

〔4〕 参见[美]约翰·W. 斯特龙主编、[美]肯尼斯·S. 布莱等编著：《麦考密克论证据》，汤维建等译，中国政法大学出版社 2004 年版，第 66～67 页、第 451 页。

较为广泛,如传闻证据、品格证据、笔录等证据替代品等并不具有证据能力的证据均可作为弹劾证据提出,因其不针对特定事实的真实性与否,故被准入法庭自不存在疑问。与之相比,我国法并未明确规定被害人、被告人、证人、鉴定人(前者均为美国法广义上的"证人")可信性的弹劾程序,亦未规定如何检验其可信性,学者也鲜有研究证人弹劾与弹劾证据等相关主题。但不可否认,从我国法将专家辅助人的制度功能设定为辅助对鉴定意见的质证可知,专家辅助人提出的意见在性质上可界定为弹劾鉴定人的可信性的补助证据。[1]

有学者对将专家辅助人意见视为弹劾证据持否定态度,认为专家辅助人出庭的目的是弹劾鉴定人作出的鉴定意见,同时还存在增强鉴定意见之证明力的功能,仅仅将其界定为弹劾证据似乎以偏概全,存在逻辑上的不周延。[2] 该见解不无道理,但根源在于我国《刑事诉讼法》赋予控辩双方申请法庭通知专家辅助人出庭的权利,这样专家辅助人就存在己方与对方之别。然而,从对法律的体系性解读可以发现,鉴定意见绝大多数属于控方指控证据(有罪或罪重证据),控方申请己方专家辅助人助力于鉴定意见之证明自不待言,但从专家辅助人功能和司法现实的角度考察,该制度的要义侧重于赋予并保障辩方质疑控方鉴定意见的程序性权利。因此,对弹劾证据这一属性的界定如以区分己方、对方专家辅助人为前提,并将其归属至对方专家辅助人提出的意见,所谓"逻辑上不周延"的问题便迎刃而解。

综上所述,对专家辅助人意见的证据能力作肯定性解读,既

---

〔1〕 参见樊崇义、李思远:《以审判为中心诉讼制度下鉴定人出庭制度研究》,载《中国司法鉴定》2015 年第 4 期。作者指出,"专家辅助人最大的作用在于其意见的弹劾效力"。

〔2〕 参见郭华:《专家辅助人制度的中国模式》,经济科学出版社 2015 年版,第 183 页。

“有利于被告方对质权的实现”,也“为控方举证提供了新的途径”,且“对控辩双方是公平的”。[1] 此举有利于保障该制度在司法实践中得到切实贯彻,不至于出现“专家辅助人仅作为摆设,法庭依然自顾采纳鉴定意见”的现象;通过认可其证据资格来增强辩方与控方平等对抗的筹码,消除司法实践中奉行“唯鉴定意见主义”所带来的效益影响等。还需要明确的是,专家辅助人意见并非均具有证据属性,只有“对与案件有关专业知识事实的陈述、分析、推理内容”才可。[2]

(三)专家辅助人意见的证明力审酌

专家辅助人出庭提出质证意见或独立意见,可能促使法庭对鉴定人对专门性问题作出的判断产生“合理怀疑”,增强或削弱其对鉴定意见证明力高度的判断,从而影响其对该争议事实的认定。如前所述,尽管现行法框架下,专家辅助人意见并不属于法定证据种类之一种,但其仍然具有证据属性。法庭可以利用该证据及其主张性事实,来推断某项要素性事实。这属于法官自由评价证据——自由心证——的范畴。

如果个案中存在专家辅助人与鉴定人意见,且经过法庭质证,在符合关联性与可采性的前提下,法官如何适用证据(或如何审酌判断证据的证明力),则需要诉诸自由心证。诚然,自由心证并非完全自由的,而应当受制于证据裁判原则、常识、生活经验等。[3] 以林某浩故意杀人案二审为例,就控辩双方对诱发并导致死亡的原因所产生的争议而言,控辩双方的死因争议与判断“被

---

〔1〕 参见胡铭:《鉴定人出庭与专家辅助人角色定位之实证研究》,载《法学研究》2014 年第 4 期。

〔2〕 参见王戬:《“专家”参与诉讼问题研究》,载《华东政法大学学报》2012 年第 5 期。

〔3〕 参见林钰雄:《严格证明与刑事证据》,法律出版社 2008 年版,第 81 ~ 123 页。

害人是否死于被告人投毒行为”之间存在相当强的关联性,进而影响对“死亡结果与投毒行为之间是否存在刑法上因果关系”的判断。如果控辩双方提出的意见均被容许,那么判断因果关系这一要素性事实是否存在,以及控方鉴定意见的证明是否达到证明标准,则由法庭自由评价。就专家辅助人意见对鉴定意见的质证效果,则问题在于专家辅助人的质证意见是否足以让一个合理的事实裁判者对死因鉴定意见(乃至控方有罪证明)作出肯定性认定或者产生合理怀疑。

由此,本书认为,专家辅助人制度得到切实贯彻的出路关键还在于:立法应明确专家辅助人提出的意见符合何种程度的证据标准方能使法庭对鉴定意见的可信性或可靠性产生合理怀疑,甚至即使立法不将该意见纳入法定证据种类都无妨。正由于目前我国法对有专家辅助人提出的意见在证据上的地位和作用语焉不详,才导致法庭往往仅止于庭上听取陈述,制作裁判时仍以鉴定意见为主要参照,对有专家辅助人的意见也多以“与事实不符,不予采纳”为由否决,不加论证(参见“林某浩案”二审判决书)。造成该现象的根本原因还在于法庭对鉴定意见的偏好,认为其具有较高的证明力,其他证据难以动摇其先前认识以及固有心证。如果立法明确规定有专家辅助人提出的意见达到何种证据程度,便可就鉴定意见形成合理怀疑,大大提高法庭质证的实质性、有效性。

综上所述,如果将对专家辅助人意见的考量放置到控方证明体系以及法庭心证裁判机制的宏观背景之下,专家辅助人意见属于法定证据与否的问题似乎不那么重要了,因为对该问题的回答被证明体系和裁判机制的运作所解构掉。在这个抽象的解构过程中,专家辅助人的身份如何亦无关紧要,有实质法律或证据意义的是专家辅助人提出的“意见”,该意见呈现的样态是多个“语言要素”，最终无可避免地以不同的方式影响裁判者的裁判心理。[1]除此之外，专家辅助人就鉴定意见提出的意见是否为法庭采纳、采纳的情况、不采纳的理由等都应当反映在裁判文书中，以“打消控辩双方的疑虑，实现审判的实质公开”。[2]

三、鉴定人与专家证人的融合抑或转变？

就专家辅助人制度而言，尚有诸多亟待澄清的问题。《一审法庭调查规程（试行）》颁行之后，专家辅助人可以就专门性问题提出意见，使该制度的定位与走向变得更加扑朔迷离。《一审法庭调查规程（试行）》对《刑事诉讼法》的突破至少面临如下两个涉及制度建构的基础性问题：其一，现行法规定解决专门性问题的法定方法是“司法鉴定”，如果专家辅助人可“涉足”专门性问题的解决，则其是否突破了现行司法鉴定制度？其二，如果允许专家辅助人可就专门性问题提出意见，则其是否具有英美法上专家证人的属性？其三，进而可以探索如下问题：刑事程序中就专门性问题的解决，我国现行法是融合了专家证人的新鉴定制度，还是存在另一种可能，即转向全新的专家证人制度？

《一审法庭调查规程（试行）》颁行之前，已有学者积极地认为这是我国法吸纳英美专家证人模式将其与本土司法鉴定制度相融合的结果，并认为我国法目前架构了“以鉴定人制度为主”，和“以专家辅助人制度为补充”的专家制度模式。[3]《一审法庭调查规程（试行）》颁行之后，新规定似乎更加印证了学者的乐观态度，甚

---

〔1〕“去主体化”等概念受到如下论著的影响：［德］尼可拉斯·鲁曼：《社会中的法》，李君韬译，台北，五南图书出版股份有限公司2009年版，第9页。

〔2〕樊崇义、李思远：《以审判为中心诉讼制度下鉴定人出庭制度研究》，载《中国司法鉴定》2015年第4期。

〔3〕参见郭华：《专家辅助人制度的中国模式》，经济科学出版社2015年版，第68页。

至有论者认为,专家辅助人在制度层面正逐渐转向英美法上的专家证人。但应当明确的是,作为辅助事实裁判者解决专门性问题的证据方法,鉴定人与专家辅助人并行于我国法之中,问题的关键并不在于是否融合或转向英美的专家证人制度,而是我国法在宏观上如何调整法律与科学的关系,如何对待法律探究与科学探究的差异,如何平衡法院认定事实与专家解决科学命题的"权力"分配等更深层次的立法性问题。

诚然,我国法专家辅助人与英美法专家证人并不完全等同,但学理上可以深入探讨的是:专家辅助人制度可否作为我国法吸收借鉴英美法专家证人制度的契机,进而探讨我国法如何摆脱专家证人制度的弊端与不足,从而实现其与现行刑事鉴定制度的有益融合。对此,本章认为,一方面,本国法律传统与制度现状等"本土资源"不应成为改革的障碍,而应对域外法制保持开放的、包容的心态。另一方面,在吸收、借鉴外国类似制度有益之处时,最为妥当的态度是探究该制度的核心理念,把握其本真内核,并将其具体化在制度建构之中。鉴定制度、专家证言制度等均不是非此即彼的,甚至其制度构造并非关键,至于该制度是否具有一国原有制度(如我国鉴定制度)或者他国制度(如英美专家证人)的外观并非关键,而应当透过制度外观探寻问题的本质。分别在法院裁判权与专家专门知识、本土法制与域外法制、制度构造与制度功能的三个层面维持一种动态的平衡,是"最不坏的路径"。

我国在近期内大刀阔斧地改革司法鉴定制度的可能性甚微,赋予辩方启动司法鉴定的权利更是希望渺茫。但不可否认,我国法正逐渐尝试减轻现行司法鉴定制度固有弊端给刑事司法体系带来的消极影响,而改革路径之一便是逐渐提高辩护方对法庭科学知识的可获得性,赋予其质疑刑事鉴定意见的权利。不可否认,专家辅助人制度存在改革不彻底的弊端,但仍不失为一种进步。当前学术界与实务界应当致力于解决的共同问题在于:对专家辅助人相关法律规定作教义学式研究,探究其制度性功能与目的,在证据体系的语境下,兼及举证、质证等刑事程序维度,摆正专家辅助人作为诉讼参与人的身份定位,认可其质证意见及独立意见的证据资格。

第七章 社会科学证据的证明力偏见与矫正机制

一、社会科学证据的潜在偏见

社会在事实认定过程中，裁判者既需要评估某个证据的证明价值高低，也需要审视全案证据从整体上评估以其为基础所建构的事实的可信性。证据可信性判断是认识论的核心问题之一。[1]然而，应该认识到，社会科学证据可靠性判断的复杂性在于：社会科学知识所涉及的现象、规则、事件等因为并不具有客观性的内在属性，故其可以算作一种"创设"。"(人文社会)科学并没有形成一个同类的集合：它们中每一个都有自己独特的范式。"[2]某个问题的判断所依赖的知识很可能是多元的、复合型的，而每种学科知识的有效性标准并不是统一的、确定的，而必须要考虑各个知识各自的可靠性。"社会科学中的混乱既是'科学性的'，也是道德性的；既是学术上的，也是政治上的。"[3]

1. 社会科学证据具有显著的主观性。相较于自然科学类专家意见所应用的知识、原理、技术的客观性，社会科学类专家所采用的社科研究方法则具有显著的主观性。社会科学领域的命题是很

〔1〕 参见[美]苏珊·哈克:《专家证据:美国的经验与教训》,邓晓霞译,载《证据科学》2016 年第 3 期。

〔2〕 [意] Michele Taruffo:《科学标准在社会和法庭科学证据中的应用》,郑飞译,载《证据科学》2011 年第 4 期。

〔3〕 [美] C. 赖特·米尔斯:《社会学的想象力》,李康译,北京师范大学出版社 2017 年版,第 76 页。

难检验的,很难像科学命题那般可以“证伪”。这也是社会科学可靠性遭到质疑的主要原因。

社会科学研究者的个体差异可能更甚。尽管马克斯·韦伯也承认,“经验学科提出的问题从学科本身这方面而言当然应以‘价值无涉’的方式予以答复。”[1]但我们仍无法回避科学家们的客观性——这是自然科学与社会科学领域面临的共同问题。“当‘客观的’适用于人的时候,其含义也发生了一些改变。我们说并非所有的科学家都是客观的。”[2]科学的、非科学的专家们是具有独立判断的个体,但也无法摆脱主体性因素,甚至会大有鲜明的集体或行业利益倾向。“……凡此种种,意味着所有研究人与社会的学者都会在自己的严重假设和暗示一些道德与政治上的决策。”[3]

以上并不是否定专家意见的证明价值,亦非拒斥其对事实认定的辅助作用。诚如论者所言,“专家运用也是一种保证司法过程稳步向前推进中的‘无奈的妥协’。不过,这种‘无奈的妥协’在实践中似乎已经成为一种‘妥协下的失败’”。[4] 透过这种悲观态度,我们可以发现,诉讼证明与事实认定活动如何审查认定专家意见是一个法律难题,也是一个实践难题。

2. 社会科学证据与待证事实之间存在极具误导性的“推理鸿沟”。经验性数据与实证性结果既不能代表一般规律,与“个案事

---

[1] [德]马克斯·韦伯:《社会科学和经济科学“价值无涉”的意义》,韩水法、莫茜译,载[德]马克斯·韦伯:《社会科学方法论》,商务印书馆2013年版,第174~175页。

[2] [美]苏珊·哈克、刘静坤、丁立玮:《科学与法律领域的真相》,载《证据科学》2018年第5期。

[3] [美] C. 赖特·米尔斯:《社会学的想象力》,李康译,北京师范大学出版社2017年版,第76页。

[4] 刘涛:《科技与刑事司法互动的系统论观察》,载《政治与法律》2018年第12期。

实”亦不能完全等同。而常识思维可能会借助推论或者概括“跨越鸿沟”,但推论或概括的过程却极有可能潜藏着认知性偏见。社会科学专家对统计数据的解释可能会让陪审团作出不当推论。“尽管概率论很强大,并且用它来研究法律制度被证明很有价值,但深层概念问题在概率论和司法证明之间凿开了一道鸿沟。特别是传统概率论,无法也不能很好地对审理架构或其中的推论过程加以描述。”[1]

社会科学证据具有显著的经验性与实证性,“经验性数据是有诱惑性的,因为它可以反映客观真相”。[2] 刑事司法体系尤其要警惕社会科学证据的“诱惑”。在诉讼证明的视野下,在法庭的场域中:首先,数据仅仅是一种经验,而这种经验性数据如果不能算作经验性事实的话,亦只能是某种经验性意见。其次,如果将这些数据附着证明主张,那么需要指出的是,数据仍然需要解释才具有证明意义。不仅是社会学,经济学、心理学等均依赖统计学方法,这就意味着社会科学知识在本质上是概率性的。然而,在日常生活以及诉讼证明中,统计学数据反映的片段化的事实或者概率性事实,并不能等同于诉讼中的事实——这一点是毋庸置疑的。

司法精神病鉴定是社会科学知识用于实质证明的例外,但并不具有普遍性。司法精神病鉴定在我国既是登记管理的鉴定事项,也是《刑事诉讼法》所容许的鉴定意见,但其在帮助法官判断行为人是否具有控制能力和辨认能力,进而判断其是否有责上,具有相当重要的参考作用(有时甚至是决定性作用)。以司法精神病学为例,国外有研究认为,“心理学症状的概念最初是执业者为

---

[1] [美]罗纳德·J. 艾伦:《司法证明的性质:作为似真推理工具的概率》,汪诸豪、戴月、柴鹏译,载《证据科学》2016 年第 3 期。

[2] Jean Montoya, *On Truth and Shielding in Child Abuse Trials*, 43 Hastings, L. J. 1259 (1992), p. 1282. ("Empirical data is seductive because it holds the promise of objective truth.")

诊疗而非发现真实的目的提出的”。[1] 毕竟,“精神健康和法律这两个领域……的话语体系是不同的,而且有各自不同的习惯和思维方式……诊断并不昭示法律真实。法律‘真实’和科学‘真实’的含义可能并不相同”。[2] 对此,美国精神病学协会(American Psychiatric Association)编纂的《精神疾病的诊断与统计手册》(*Diagnostic and Statistical Manual of Mental Disorders*,DSM)也指出,如果症状的分类、标准以及描述被用于解决法律裁判,将会存在误用或者曲解诊疗性信息的重大风险。[3] 因此,裁判者在采纳其作为认定事实的根据时,应当尤其审慎。

3. 社会科学证据的证明价值可能会被不当甚至错误地高估。这个问题涉及事实认定者的“裁判心理”。有心理研究表明,“与应用贝叶斯逻辑所得出的证明力相比,陪审团往往在主观上倾向于给以似然比形式呈现之证据更高的证明力”。[4] 事实认定者在心理上可能更倾向于高估其证明价值。另有研究表明,专业法官与外行陪审员相比,在认定事实上并没有准确性上的绝对优势。[5] 推论式意见可能会存在偏差、误导的风险。如果缺少约束

---

〔1〕 Lisa R. Askowitz & Michael H. Graham, *The Reliability of Expert Psychological Testimony in Child Sexual Abuse Prosecutions*, 15 Cardozo L. Rev. 2027 (1994), p. 2039 – 2040.

〔2〕 Lawrence Loeb, *Forensic Testimony*: *What Judges Want*, 24 Pace L. Rev. 211 (2003), p. 211 – 212.

〔3〕 DSM – IV xxxii – xxxiii (4th ed. Text Revision 2000).

〔4〕 [澳]安德鲁·立格特伍德:《法庭科学的表述与法律证明》,汪诸豪译,载《证据科学》2014 年第 4 期。

〔5〕 对“陪审员是好的事实认定者吗?”这一问题的相关研究,参见樊传明:《陪审员是好的事实认定者吗?——对〈人民陪审员法〉中职能设定的反思与推进》,载《华东政法大学学报》2018 年第 5 期;王禄生:《人民陪审改革成效的非均衡困境及其对策——基于刑事判决书的大数据挖掘》,载《中国刑事法杂志》2020 年第 4 期等。

机制，自由心证也存在被滥用的可能性。[1] 在降低或者消除社会科学证据所带来的偏见上，专业法官与外行陪审员相比亦不具有天然的优势。[2] 因此，社会科学“研究结论多只具有统计学或启示性的意义”。[3]

社会科学知识的证据价值或证明意义是毋庸置疑的，但法律如何检验可靠性仍然是亟待解决的法律问题；而其证明价值高低则是事实认定者自由心证的范围，受自由心证制度之约束。一言以蔽之，在事实认定中，专家仅起辅助作用，并不能僭越职权范围甚至取代事实审理者的权限。[4]

社会学调查、统计学概率等与司法裁判中的事实认定存在本质不同。社会学解决的是结构性问题，是对社会现象的描述、解释、评价，包含推论。刑事审判的功能在于判断控方指控的犯罪事实是否成立、是否应当给被告人定罪处刑，是一个包含价值判断的诉讼认识论过程。社会科学知识可以助力于对人类行为的理解，然而法庭不同于社会，事实认定并不能等同于解释行为或作出诊断。“法庭并不是社会课堂，而审判并不是诊疗。”[5]

“对抗制刑事司法的原则是并不以数据或模型为基础给被告

---

〔1〕 如美国有论者通过对 People v. LeGrand 案的研究，发现审判法官在目击证人辨认相关的证据的适用上，存在裁量权滥用的可能。See Katherine I. Higginbotham, *Narrowing the Legrand Test in New York State: A Necessary Limit on Judicial Discretion*, 83 Brook. L. Rev. 1059 (2018), p. 1060.

〔2〕 专业法官在事实认定上也存在一些认知偏差，如参见元轶：《庭审实质化压力下的制度异化及裁判者认知偏差》，载《政法论坛》2019 年第 4 期等。

〔3〕 王云清：《司法裁判中的社会科学：渊源、功能与定位》，载《法制与社会发展》2016 年第 6 期。

〔4〕 当这个问题涉及外行裁判者时，会变得更为复杂，如我国人民陪审员参与评议时，不仅法官要就相关法律问题作出指示，而且陪审员自身也要对证言可信性进行评估，诸如此类的实践性问题都亟待理论上首先解决。

〔5〕 Marks S. Brodin, *Behavioral Science Evidence in the Age of Daubert: Reflections of A Skeptic*, 73 U. Cin. L. Rev. 867 (2005), p. 941.

人定罪，亦不试图以此为依据来决定一个人是否是被害人。"[1]法官更不能化身"社会科学家"，用统计数据、概率数据取代司法证明，亦不能跨越司法证明径行用其认定事实。社会科学"虽然可以引导或者限制法官的裁量空间，但并不直接决定案件如何判决。要求法官'像社会科学家那样思考'，模糊了法律人的思维方式与社会科学家的思维方式之间的差异"。[2]

4. 社会科学证据用于司法证明时，是柄"双刃剑"。一方面，社会科学意见往往建立在数据及对数据的解释分析上，数据型证据可能有违无罪推定原则，也可能有损事实认定者个别化评判的权力（或被告人获得个别化评判的权利）。[3] 另一方面，社会科学证据也"可以揭示刑事司法体系中存在的偏见"。[4]

如果法庭限制社会科学知识的使用，"利益受损"最大的一方是辩方。如果允许通过控方提出社会科学研究，而辩方难以反驳，辩方有效辩护的实现可能遭遇困难。以美国法为例，传统的 Daubert 可靠性标准或美国《联邦证据规则》规则 702 标准在实践中的适用结果就是：几乎排除包括心理学、精神病学等软科学在内的证据，这对控方有利而对辩方不利。辩方的辩护主张往往是涉及被告人实施犯罪行为时的心理状态，如精神失常、精神紧张、认知障碍等，如果缺少可采的证据，可能会进一步加剧控辩双方"武

---

〔1〕 Commonwealth v. Deloney, 794 N. E. 2d 613, 622 (Mass. App. Ct. 2003).

〔2〕 王云清：《司法裁判中的社会科学：渊源、功能与定位》，载《法制与社会发展》2016 年第 6 期。

〔3〕 Janet C. Hoeffel, *The Gender Gap*: *Revealing Inequities in Admission of Social Science Evidence in Criminal Cases*, 24 U. Ark. Little Rock L. Rev. 41 (2001), p. 59.

〔4〕 Reva B. Siegel, *Blind Justice*: *Why the Court Refused to Accept Statistical Evidence of Discriminatory Purpose in McCleskey v. Kemp – And Some Pathways for Change*, 112 NM. U. L. Rev. 1293 (2018), p. 1289.

器不对等”。[1]

如果法庭允许社会科学证据的使用,亦要同时考虑到如何防止新的权力话语体系的形成而导致控辩不平等,这对于辩方而言尤为重要。[2] 我国法一直存在“理想与现实的落差”。现行法框架下,法庭上辩护律师很少对控方鉴定意见质疑,而少数质疑的辩护意见,法院判决书鲜少采纳。专家辅助人参与质证的效果也极为有限。[3] 为此,社会科学知识如可为刑事辩护之利益,则应当允许辩方提出社会科学证据以有效行使其辩护权,否则,“可能会有损司法体系的合法性及其遵守法律的能力”。[4] 就社会科学知识方面的控辩平等而言,尤其要强调并保障辩方在证据方法或者证明手段的平等,具体表现为辩方对专门知识的可获得性以及检验对方专家意见可靠性的平等机会。

社会科学证据在促进控辩平等、促进平等保护实现方面,起到的重要作用是毋庸置疑的。尽管昂舍塔在《科学证据与平等保护》中以广泛的视角考察社会科学知识在法庭与证明中的作用,但也可以窥见证明意义上的社会科学证据实际上不仅关涉控辩双方机会均等、手段对等、权利平等,更重要的是回应了平等保护的宪法条款的应有之义。对此,学者们抱持积极乐观的态度,认为,“我们应当继续创造可以帮助法院用新颖且更细致的方式审查社

---

〔1〕 参见张南宁:《科学证据可采性标准的认识论反思与重构》,载《法学研究》2010 年第 1 期。

〔2〕 Janet C. Hoeffel, *The Gender Gap: Revealing Inequities in Admission of Social Science Evidence in Criminal Cases*, 24 U. Ark. Little Rock L. Rev. 41 (2001), p. 60(“如果被告人提出证据的权利是获得与控方的平等,那么只有当允许被告人提出社会框架证据为己辩护才是公平待遇”).

〔3〕 参见胡铭:《鉴定人出庭与专家辅助人角色定位之实证研究》,载《法学研究》2014 年第 4 期。

〔4〕 Christopher Slobogin, *The Admissibility of Behavioral Science Information in Criminal Trials from Primitivism to Daubert to Voice*, 5 Psychol. Pub. Pol'y & L. 100 (1999), p. 117.

会科学数据以及种族意义的方法，同时也应当认识到，这个任务像西西弗斯神话那般，直到那一天的到来，即更多的大法官们认为有关种族影响数据的具有统计学重要性的证据足以支持平等保护的宪法诉求”。〔1〕

综上所述，尽管社会科学证据存在证明力偏见，但是其对于诉讼证明以及事实认定而言又是必要的，在一些案件中甚至是不可或缺的。证明力偏见不是社会科学证据独有的，而是专家意见领域的普遍现象，也是法庭运用专家的可期待后果之一。〔2〕不能因噎废食、概括性地拒斥社会科学证据在诉讼程序中的证明作用。经验性社会科学证据（empirical social science evidence）“可以揭示刑事司法体系中存在的偏见。……实际上，对社会科学最好的理解或许是将其付诸法庭之外的实践之中。”〔3〕

二、社会科学专家意见的“质量控制”

我国有学者提出，对于社会科学证据等“其他类鉴定意见”，

〔1〕 Mario L. Barne & Erwin Chemerinsky, *What Can Brown Do for You?: Addressing McCleskey v. Kemp as a Flawed Standard for Measuring the Constitutionally Significant Risk of Race Bias*, 112 NM. U. L. Rev. 1293 (2018), p. 1336.

〔2〕 如有论者批判性地指出“……专家运用也是一种保证司法过程稳步向前推进中的‘无奈的妥协’。不过，这种‘无奈的妥协’在实践中似乎已经成为一种‘妥协下的失败’”。参见刘涛：《科技与刑事司法互动的系统论观察》，载《政治与法律》2018 年第 12 期。

〔3〕 Reva B. Siegel, *Blind Justice: Why the Court Refused to Accept Statistical Evidence of Discriminatory Purpose in McCleskey v. Kemp – And Some Pathways for Change*, 112 NM. U. L. Rev. 1293 (2018), p. 1289.

学界普遍认为应当采取与鉴定管理体制一致的统一管理。[1]“……通过制度化、规范化与权威性的统一管理体制，提高非四大类鉴定机构、鉴定人提供的鉴定意见的可靠性与可信性。”[2]然而，现实却是，社会科学证据并不能径直参照鉴定行业管理机制。社会科学证据与传统的“硬科学”之自然科学证据在研究范式、话语表述、意见生成机制等多方面存在较大的差异。最大的差异在于，社会科学证据通常并不“娩生于实验室”，即其并不具有自然科学意义上的可检验性。

尽管如此，就司法证明而言，这些专门知识如何可靠地用于司法证明与事实认定，具有相类似的逻辑。作为某个行业领域或者知识共同体，其内部通常会存在一套相对成熟的话语体系与同行评价机制。自然科学、科学技术等传统法证科学在“质量控制”方面已经形成相对成熟的机制，仍有一定的借鉴意义。比如，其一，在管理模式上，确保法证科学机构拥有相对于司法行政机关的独

---

〔1〕 参见涂舜、涂如超：《司法鉴定管理的体制变迁及其改革方向：1978—2018》，载《河北法学》2020年第1期。作者指出，“司法行政机关管理其他类鉴定机构、鉴定人，则必须采取与四大类鉴定机构、鉴定人同样的实质化统一管理模式。……司法行政机关在统一管理四大类社会鉴定机构、鉴定人的基础上，不仅要强化对侦查机关三大类鉴定机构、鉴定人统一管理的实质化，而且还应逐一实现对其他类鉴定机构、鉴定人的实质化统一管理”。

〔2〕 陈如超：《专家参与刑事司法的多元功能及其体系化》，载《法学研究》2020年第2期。

立性。[1] 其二,通过制定行业标准与规则来实现质量控制。[2] 其三,重视法证科学执业人员的养成及职业培训体系之建立健全。[3] 其四,作为保障机制,法证科学领域通常还建立了相应的职业行为规则与惩戒机制,即法证科学鉴定职业伦理规范。[4]

对比可知,社会科学知识无法通过实验检验,很难通过可控的参数与流程保障社会科学专家意见的可靠性。统一管理可以保障社会科学方法得出专家意见的可信性,但科学方法本身的可靠性则是可论争的。如果常识用统一的、确定的参数与流程进行管理,则可能陷入知识权威垄断主义。即便是可证伪的自然科学知识、技术与原理,其自身并未绝对科学有效,在诉讼证明中的使用亦非完全可靠。

社会科学证据的可靠性判断具有一定的特殊性。如本书第六

---

〔1〕 最能体现独立管理模式的是法证科学市场化,即容许不同法证科学机构在法律允许的范围内自主成立并自主执业,将其置于公平公开、优胜劣汰的市场竞争机制之中。这种模式下,法证科学机构之间的竞争关系以及经济利益驱动等因素可能影响刑事司法体系甚至具体个案的公正性。

〔2〕 这要追溯到 2005 年,Saks 教授与 Koehler 教授在《科学》杂志上合作发表的题为《法庭识别科学领域即将迎来一场范式转移》的论文。该文指出:"传统识别类法庭科学中未经检验的推论与臆测应当被可靠的科学基础与合理的科学规程所取代。"该文引发了法证科学界乃至法学界对法证科学的集体反思。这个所谓的"转移"直接指向法证科学的内在,即其所依据的科学原理、方法、技术本身的可靠性与有效性,以及该原理、方法、技术在某所属的法证科学领域普遍的科学规程。See Michael J. Saks & Jonathan J. Koehler, *The Coming Paradigm Shift in Forensic Identification Science*, 309 SCI. 892 (2005), p. 895. 如今,学者所语言的法证科学领域的"范式转移已经发生"。See M. Chris Fabricant & Tucker Carrington, *The Shifted Paradigm: Forensic Science's Overdue Evolution from Magic to Law*, 4 VA. J. CRIM. L. 1, (2016), p. 1.

〔3〕 作为具有很强实践性的学科,法证科学执业人员(包括实验室科学家、检验人员及各个领域的专家等)均需要不断地通过继续学习和业务培训的方式更新知识体系,并且需要接受完整的职业伦理教育。

〔4〕 参见王进喜主编:《司法鉴定职业行为规则建议稿与释义》,中国法制出版社 2015 年版,第 6 页、第 15 页。

章所言,社会科学证据作为一种专家意见与证明主张,其是专家以专门知识为基础作出的一种"价值判断",在操作层面无从实现必然的、确定的"真实性"。在似真性证明的语境中,社会科学证据所包含命题的真假及其所指向并建构的案件事实,最终都体现为法官所认定事实的内心确信,是一种合理的可接受的"真"。是故,社会科学证据专家意见的审查判断就可以从实质审查转变为形式审查。为了实现对社会科学证据的形式审查,可以借鉴法证科学行业对独立性、专业性与中立性的要求。详言之,社会科学专家作为一个自主的个体,其对所提出的意见应当有"亲身感知",即拥有相关领域的专业知识,并利用该知识独立地作出判断,不应当受到外部因素的不当干预与影响。

以自然科学知识、技术、原理为基础的专家意见尚且存在可靠性争议(比如,一些传统的法证科学领域正面临科学有效性的危机[1]),以社会科学知识、方法为基础的专家意见可能遭遇更严重的"有效性"危机。为了突破这种专业领域内的"危机",刑事司法体系不能顺应"知识等级论"的思维,而应当回归司法证明的逻辑,将其置于刑事程序中内在地考察。

三、矫正偏见的程序性机制

证据的可靠性,尤其是科学证据或专家意见的可靠性判断是证据法关注的核心问题,这个问题不仅涉及事实认定的准确性,还牵涉刑事诉讼中控辩双方的"攻防"、裁判权事实认定与法律适用

---

〔1〕 美国法证科学实践中也面临"质量控制"的问题,《法庭科学加强之路》中指出,有些法证科学领域所依赖的知识、原理、技术等缺少科学有效性,法证科学实验室中因疏忽甚至欺诈导致不可靠的现象也不鲜见。参见美国国家科学院国家研究委员会编:《美国法庭科学的加强之路》,王进喜等译,中国人民大学出版社 2012 年版;另见王星译:《美国法庭科学加强之路回顾(2009—2017)——以"科学证据在诉讼中的采纳"为对象》,载《证据科学》2017 年第 6 期等。

的二元分化等根基性问题。故此,对该体制性问题的回答,不应当仅仅局限于证据规则与证明规则,而应当放眼整个刑事司法体系的诉讼构造及权力分配、规范目的及制度配置,即把确保事实认定准确性的认识论功能、控辩平等及权力约束等非认识论功能融合在刑事司法体系的框架之内。

本书认为,在刑事司法体系的框架内,社会科学证据证明力偏见的校正应当回归程序的场域与证明的视角。换言之,包含社会科学证据在内的专家意见是否可信的论争与判断,应当把证据/证明与程序有机结合起来。最妥适的融合方式是将其置于"对抗"的竞争性程序机制中,通过证据论辩活动予以展现。竞争性机制既有助于真实发现,也可以保障辩方充分有效的辩护权之实现,实体公正与程序公正双重价值兼顾。

控辩平等是现代刑事诉讼法构造的基础之一,也被作为国际刑事司法准则中公正审判的要件之一。控辩平等首先意味着"手段对等",即强调辩方机会和手段上能够与控方相对等。其次,控辩平等要求"机会平等"。控辩平等之实现并不满足于对辩方权利之宣示,更关键之处在于如何保障权利之实现。刑事辩护既是一个体制性问题,也是一个系统性问题,在权力、权利交错的刑事诉讼构造中,而应当从刑事司法体系内部解决。

消极实质真实发现主义构造的运作环境中,刑事证明中的控辩平等实际上是一种"假设",并非主张将检察机关当事人化,亦非倡导辩方的证据处分与程序处分。"平等"之要义首先在于对控方证明之约束,对法官事实认定之规范,其次在于辩方权利之有效实现。如前所述,实质真实发现的诉讼构造施加给检察官和法官义务,并不是直接作用于辩方权利之保障,但实际上是通过规范国家权力行使来制衡权力对权利的影响,以此来扭转抗辩武器悬殊的"构造失衡"。[1] 是故，严格证明、证据裁判、自由心证即约束、存疑时有利于被告的裁判规则等证明规范，实际上都在"控辩平等"的逻辑之下以约束权力的方式运作。

（一）"知识平等"：辩方对社会科学证据的可得性

从有效辩护的角度，辩方至少享有如下基础权利：其一，和与己不利的证人对质的权利。对于控方指控，辩方应当可以有权提出对质，而对质权实现的前提在于辩方有可以与控方抗衡的"证据武器"。其二，有获得于己有利证据的权利。社会科学知识如可为刑事辩护之利益，则应当允许辩方提出社会科学证据以有效行使其辩护权。

社会科学证据的公平且适当的用途在于：要求控辩双方都可以平等地诉诸专家证人以及律师帮助，尤其是专家证人。[2] 然而，实际上并非如此。在专门知识上，控辩双方存在武器不对等、知识不平等的权力—权利失衡局面，表现在至少以下几个方面：

第一，尤其在刑事案件中，辩方不太可能获得己方专家证人或者可以咨询的人。毫不令人惊奇，在有罪判决中，已经有越来越多的案件显示，控方专家证人根本没有遭遇辩方专家质证。[3] 我国有学者对鉴定意见的质证与采信开展案例研究，研究表明：法庭上，辩护律师很少对控方鉴定意见质疑，而少数质疑的辩护意见，法院判决书鲜少采纳。专家辅助人参与质证的效果也极为

---

〔1〕 参见张建伟：《刑事诉讼法通义》（第2版），北京大学出版社2016年版，第93页。

〔2〕 法官在裁决是否采纳专家证言的时候，要考虑到控辩双方是否有获得科学知识帮助的平等机会。See Margaret Berger, *Symposium on Science and the Rules of Evidence*, 99 F. R. D. 187 (1983), p. 231.

〔3〕 Neil J. Vidmar & Regina A. Schuller, *Juries and Expert Evidence: Social Framework Testimony*, 52 Law & Contemp. Probs. 133 (1989), p. 159.

有限。[1]

第二,如果法庭限制社会科学知识的使用,“利益受损”最大的一方是辩方。以美国法为例,传统的 Daubert 可靠性标准或规则 702 标准在实践中的适用结果就是:几乎排除包括心理学、精神病学等软科学在内的证据,这对控方有利而对辩方不利。辩方的辩护主张往往是涉及被告人实施犯罪行为时的心理状态,如精神失常、精神紧张、认知障碍等,如果缺少可采的证据,对辩方而言无疑是一大“缺憾”。[2] 这可能会进一步加剧控辩双方“武器不对等”。

第三,社会科学知识用于非实质性证明时:(1)如在相关性判断上,用于证明背景知识或者社会框架的社会科学知识,可能会触犯美国《联邦证据规则》规则 404(b)规定的品格证据规则。[3] (2)用于证明指认或辨认可信性等社会科学知识可能会让无辜的人被错误定罪。实证研究表明,目击者指认或辨认位居美国错误定罪成因之首。[4]

第四,社会科学意见往往建立在数据及对数据的解释分析上,数据型证据可能有违无罪推定原则,也可能有损事实认定者个别

---

〔1〕 参见胡铭:《鉴定人出庭与专家辅助人角色定位之实证研究》,载《法学研究》2014 年第 4 期。

〔2〕 参见张南宁:《科学证据可采性标准的认识论反思与重构》,载《法学研究》2010 年第 1 期。

〔3〕 比如,症状类、行为模式类社会科学证据可能会触发品格证据排除规则,参见 Laura Etlinger, Social *Science Research in Domestic Violence Law: A Proposal to Focus on Evidentiary Use*, 58 Alb. L. Rev. 1259 (1995), p. 1273 – 1274。

〔4〕 有研究表明目击证人辨认不准确,且是错误定罪的主要成因之一。See Fredric D. Woocher, *Did Your Eyes Deceive You? Expert Psychological Testimony on the Unreliability of Eyewitness Identification*, 29 Stan. L. Rev. 969 (1977), p. 975; Brandon L. Garrett & Peter J. Neufeld, *Invalid Forensic Science Testimony and Wrongful Convictions*, 95 Va. L. Rev. 1 (2009), p. 25.

化评判的权力(或被告人获得个别化评判的权利)。[1]

如果刑事司法体系的目标在于“不仅旨在促进公平还要显得公平,禁止刑事被告人尽可能讲述最佳故事——而这可能是指非科学性心理学证言带来的影响,可能会有损司法体系的合法性及其遵守法律的能力”。[2]

社会框架证据的可采性“是一个更广泛的系统性/体制性(systemic)问题。如果被告人提出证据的权利是获得与控方的平等,那么只有当允许被告人提出社会框架证据为己辩护才是公平待遇”。[3] 综上,鉴于上述潜在的“证据性手段失衡”,那么法律至少应当确保被告人拥有举出社会科学证据为己辩护的权利方能达到“平等对抗”。

(二)“手段相当”:辩方证据方法与证明手段上的相当性

有学者认为,社会科学专家所作意见如何采纳之解决,改革诉讼程序并不能起到应有的效用,而要倚靠证据规则,即“新的证据规则的创立才是解决社会科学证据所面临的诉讼困境的终极方案”。[4] 诚然,持该见解者乃为明确法官的“守门”职责。上文已经分析,我国法语境中,法院并不是证据的“守门人”,而是在裁判这一终端程序的“定案依据筛选者”。这两个角色的职权场域是

---

〔1〕 Janet C. Hoeffel, *The Gender Gap: Revealing Inequities in Admission of Social Science Evidence in Criminal Cases*, 24 U. Ark. Little Rock L. Rev. 41 (2001), p. 59.

〔2〕 Christopher Slobogin, *The Admissibility of Behavioral Science Information in Criminal Trials from Primitivism to Daubert to Voice*, 5 Psychol. Pub. Pol'y & L. 100 (1999), p. 117.

〔3〕 Janet C. Hoeffel, *The Gender Gap: Revealing Inequities in Admission of Social Science Evidence in Criminal Cases*, 24 U. Ark. Little Rock L. Rev. 41 (2001), p. 60.

〔4〕 梁坤:《争议中运用的社会科学证据——评〈科学证据与法律的平等保护〉》,载《证据科学》2017 年第 1 期。

有巨大差别的。

为了保障真实而设定证据规则——那么通过设置证据规则的方式来确保社会科学证据的可靠性是否为最佳路径或唯一正解？

社会科学知识可以协调控辩双方的“信息不对称”。社会科学证据作为证明的手段，也是最可能实现“武器平等”的。故此，社会科学知识对于辩方而言尤为重要。实现控辩平等对抗的重要路径之一便是：就社会科学知识而言，尤其要强调并保障辩方在证据方法或者证明手段的平等，具体表现为辩方对专门知识的可获得性以及检验对方专家意见可靠性的平等机会。详言之：

其一，在证明手段或者证据方法上。如果社会科学证据被容许成为一种证据方法，那么，要防止新的权力话语体系的形成而导致不平等。防止鉴定领域长期存在的偏见，如“知识等级论”“专业垄断论”。故此，一方面，社会科学知识如果容许被用来辅助事实认定，那么就要确保辩方有效辩护的实现。应当容许辩方对社会科学知识的可得性：一是用以辅助质证控方所提社会科学证据；二是用于辅助抗辩。另一方面，明确区分专家意见与事实认定的职权界分，防止专家意见僭越司法裁判权或专门知识对事实认定的侵蚀。

其二，在动态的证明机制上。社会科学证据中的数据或意见，与待证事实之间的相关性，需要借助推论。而如果允许通过社会科学研究得出与待证事实相关的推论，则该控方证明难以反驳，辩方有效辩护的实现可能遭遇困难。

其三，为确保手段相当，最根本的是保障控辩双方的“信息平等”，即控方应对社会科学证据履行特别披露义务。一般意义上的证据披露是必要且必需的，但并未顾及法证专家分析证据材料形成专家意见这一过程的特殊性。社会科学类专家意见的形成过程与自然科学类专家意见的形成存在较大差异，这取决于二者的研究方法和知识属性有别，进而有必要对前者区别对待。为了防止社会科学专家受到“无关信息”的干扰与不当影响，控辩一方“不得向其披露外部的、与任务无关的信息”，但同时，社会科学专家则要分享其形成意见所依赖的证据材料以及所使用的调查研究方法，并披露他们在形成意见过程中接触到的所有因素，以确保透明度与可靠性。[1]

为了确保事实认定的准确性，同时又能维持事实认定者权力行使的合法性与正当性，有必要对涉及专门知识的科学证据与社会科学证据设立独立的证据听证会，即在庭前程序，由证据提出者阐释证据相关性，接受对方检验，并由法院裁判其是否可作为定案的根据（用于认定事实的资格）。为此，有必要重新定位庭前会议的核心功能，并将其作为专家意见性证据的“审前案情先悉”[2]的程序平台。对于社会科学证据（以及鉴定意见等专家意见），控方履行特别披露义务，阐明证据命题的相关性，并接受辩方的检验。如此，辩方可以得知控方证据，有助于其开展有效防御，法庭亦可在庭前确定有异议的证据与系争事实。

（三）社会科学证据在法庭上的出示与解释

尽管与传统意义上的鉴定意见等专家证言不同，但是作为特定知识领域的专家意见，社会科学领域通常也存在一个学术共同体以及同行评议机制。诚然，社会科学知识并不出自“实验室”，无法进行可控性试验，但其自有概念体系、话语逻辑与研究范式。社会科学知识的开放性凸显了社会科学证据在司法证明中的可争辩性，为辩方提供了更多的抗辩机会，也为法官认定事实输出了更多的认知信息。我国《刑诉解释》中的事故调查报告、未成年被告

---

〔1〕参见［英］Mohammed A. Almazrouei、［英］Itiel E. Dror、［英］Ruth M. Morgan：《法证披露模型：应当向法证专家披露什么和法证专家应当披露什么？》，王进喜译，载《证据科学》2020 年第 1 期。

〔2〕英文作“pretrial discovery”，国内学者另译“审前证据开示”“审前证据披露”等。

人社会调查报告、价格/价值评估等“专业性”意见证据所承载的证明主张，就需要在法庭上通过证据出示与证据解释得以揭示——对于提出证据的一方而言，证据出示与证据解释就成为某种“证明的负担”。

根据社会科学证据的证明指向，“证明的负担”可以分为两种情形：其一，如果该证据所指向的是构成要件事实（如交通事故责任认定、检验报告、事故调查报告等）或与量刑相关（受虐妇女综合征、未成年被害人影响评估、被告人人身危险性等）的事实，属于控方指控体系，根据无罪推定的基本原则，该证明义务即控方应履行的证明责任。其二，对于罪责实体事实之外的其他事项（如弹劾人证可信性等辅助性事实），该证明负担即提出证据一方所应履行的一般性证明义务。

如本书第三章所论，论证式司法证明观所倡导的是“以程序为场域的证据性论辩”。社会科学证据在庭审程序中通过一系列证明活动得以展现。社会科学证据的出示与解释是两个必备的证明活动：一是提出证据一方应当以最直接的方式提出该社会科学证据，比如，“生成”该证据的主体（专家）或者己方专家辅助人；二是提出证据一方应当对该社会科学证据的命题进行阐释，揭示该社会科学证据形成的方法、知识等，并阐明其与案件事实之间的经验性联系——相关性。对方则可以有针对性地提出其他社会科学证据予以争辩，或者申请专家辅助人辅助质证。无论是提出证据还是专家辅助人，辩驳方亦需要附随履行对该社会科学证据的一般性证明义务。

综上所述，为实现控辩平等，尤其要强调并保障辩方在证据方法或者证明手段上的平等。首先，应当保障辩方对专门知识的可获得性。社会科学知识如可为刑事辩护之利益，则应当允许辩方提出社会科学证据以有效行使其辩护权，否则，“可能会有损司法体系的合法性及其遵守法律的能力”。[1] 其次,控辩平等对抗的基础与前提是保障控辩双方的“信息平等”,即控方应对社会科学证据履行特别披露义务。[2] 最后,辩方享有充分的、受保障的机会检验控方社会科学证据的可靠性。

四、法官审酌证明力的自由与限度

娩生于法国的自由心证,被认为是对中世纪法定证据制度的摒弃。自由心证是“一种探索事实真相的直觉感知模式,指法官通过证据自由评价实现从客观确信至判决责任伦理的跨越”,其核心目的在于作出有罪或无罪的判决。[3] 通说认为,自由心证有两大基本要义:法律并不规定某个证据的证明力高低,而由法官在个案中自由判断;是否定罪或者法律规定的定罪条件是否满足,由法官综合全案证据之后自由判断。[4] 后者又作定罪的“内心确信”标准,其侧重法官作为理性个体的独立判断,这也是现代刑事诉讼法治中证明标准主观性维度的历史基础。

---

〔1〕 Christopher Slobogin, *The Admissibility of Behavioral Science Information in Criminal Trials from Primitivism to Daubert to Voice*, 5 Psychol. Pub. Pol'y & L. 100 (1999), p. 117.

〔2〕 为了防止专家受到“无关信息”的干扰与不当影响,控辩一方“不得向其披露外部的、与任务无关的信息”,但同时,专家则要分享其形成意见所依赖的证据材料以及所使用的调查研究方法,并披露他们在形成意见过程中接触到的所有因素,以确保透明度与可靠性。[英] Mohammed A. Almazrouei、[英] Itiel E. Dror、[英] Ruth M. Morgan:《法证披露模型:应当向法证专家披露什么和法证专家应当披露什么?》,王进喜译,载《证据科学》2020 年第 1 期。

〔3〕 参见施鹏鹏:《刑事裁判中的自由心证——论中国刑事证明体系的变革》,载《政法论坛》2018 年第 4 期。

〔4〕 法国刑事诉讼法中的自由心证(或内心确信),参见[法]贝尔纳·布洛克:《法国刑事诉讼法》,罗结珍译,中国政法大学出版社 2009 年版,第 80 页。

（一）受保障的自由心证

我国法院对专家意见或意见证言证明力的审酌判断相对受拘束。这并不仅仅是裁判者心理机制的问题，还是一个复杂的体制性问题。我国法语境中，法官“被压抑的自由心证”主要表现在两个方面：第一，尚未摆脱对鉴定意见的盲信。科学证据采纳的“教育或遵从”模式[1]中，我国法采遵从模式。这并不仅仅针对社会科学证据，亦不是新问题，而是我国司法鉴定体制以及刑事司法体系中长期存在的问题。鉴定意见被所谓“科学性”所笼罩，并被蒙上了“推定的可靠性”的面纱。这种认识上的偏差已经给庭审及裁判造成了难以消除的负面影响。“硬科学”固然如此，主观性特征更明显的社会科学证据如果因为冠以“科学”而被推定为具有“科学性”，显然影响更甚。第二，我国鉴定意见审查判断规则过多关注形式要件，司法解释规则在实践中被机械适用。我国现行《刑事诉讼法》中指引法院采纳或采信鉴定意见的裁判规则即审查判断规则，而根据《刑诉解释》的相关规定，我国鉴定意见审查判断规则仍停留在外在形式上。进言之，与美国法官作为科学知识的“守门人”不同，我国法院并没有承担类似的职责，而是被转化为司法行政部门对鉴定事项的登记管理上。与之相关，我国法院对鉴定意见的审查判断亦不触及所利用的原理、知识、技术等的审查。这意味着，作为鉴定意见基础的原理、知识、技术等可能很难成为“诉讼争点”。

由于我国传统追求客观真实的证明标准对证明方法乃至证明体系影响深远，排除合理怀疑功能是否能有效发挥作用，还需要对现行体制背景进行批判性反思。我国刑事司法体系对法官主体性和证明标准主观性讳莫如深。究其根源，我国传统的印证证明规

[1] 参见[美]罗纳德·艾伦：《专家证言的概念性挑战》，汪诸豪译，载《证据科学》2014年第1期。

则体系与自由心证存在某种制度性张力。法官自由心证受到极大压抑:刑事司法体系以追求客观真实为首要目的,为实现确定性证明,偏好客观化的证明方法,压缩甚至排除了法官自由心证的空间。这样僵化、机械的证明体系枉顾司法证明盖然性以及事实认定似真性的本质属性,没有直面司法实践中证据短缺、事实模糊的现实。裁判可能错误的制度性压力被不当地置于裁判者身上。反过来,由于缺少裁判权指引与约束规则,为了缓解体制性压力,法官反而可能滥用甚至误用印证证明规则。

在传统印证证明模式之下,法官受禁锢的自由与不受约束的自由这一对矛盾并存:前者表现在体制性压力牵制了法官常识与理性的发挥,后者则体现为法官面临个案印证困难时因缺少制定法约束而滥用裁判权。我国当前的首要任务是指引并规范法官对事实的内心确信。一方面,要赋予法官充分的心证自由,卸除体制施加给法官的行政压力,为常识与理性的发挥释放空间。另一方面,为防止裁判权滥用导致恣意裁判,还要建立相应的程序性约束机制。其中,“经验法则与逻辑规则是心证客观化的内在的、至为关键的制约手段”。[1] 但经验法则与逻辑规则[2]并不意味着肯认证明力规则的合理性,前者通常在社会交往活动中通常具有普适性,也是法官认定事实的认知来源,后者对某类/个证据证明力高低的确定实际上是对自由心证的背离。[3] 另外,还需要注意的是,需要警惕以经验法则为名的证明力规则在实践中的隐性作用。

---

〔1〕 陈贤贵:《论民事诉讼中自由心证的客观化制约》,载《法律科学》2019 年第 6 期。

〔2〕 广义的经验法则包括经验法则与论理法则(多为逻辑法则),参见张卫平:《认识经验法则》,载《清华法学》2008 年第 6 期;我国有论者倡导将经验法则与论理法则称为“经验与论理法则”,参见孙皓:《僵化与恣意之间:刑事司法决策的经验尺度》,载《环球法律评论》2021 年第 3 期。

〔3〕 参见施鹏鹏:《法定证据制度辨误——兼及刑事证明力规则的乌托邦》,载《政法论坛》2016 年第 6 期。

"证明力潜规则"多为司法实务部门有关证据适用的"办案经验",常被作为经验法则,实在地起到约束作用。这种异化的"经验法则"可能存在认知偏差甚至有罪推定的风险,反而可能陷入裁判恣意。[1]

我国法目前既要确保法院的自由心证,也要考虑如何防止裁判者滥用自由心证的问题。在专门知识的司法证明方面,要摆脱专家垄断的消极影响,应当围绕自由心证做如下探索:"一是让法官真正具有自由心证的权力,二是让法官真正掌握自由心证的方法,三是让法官真正拥有自由心证的能力。"[2]

我国法语境中,法官应当作为社会科学证据的"裁判员",与美国法法官作为专家意见可采性的"守门人"角色不同,因为我国法官在事实认定时方对全案证据进行综合审查判断。证据证明力高低由事实认定者在个案中自由判断,这是现代刑事诉讼法治的基本原则。

(二)受约束的自由心证

一般意义上,自由心证并不是"恣意的自由",而是"受限制的

[1] 我国刑事诉讼法律文件中有"生活经验""逻辑和经验"等词,例如,2021 年《刑诉解释》第 88 条第 2 款规定:"证人的猜测性、评论性、推断性的证言,不得作为证据使用,但根据一般生活经验判断符合事实的除外"。又如,第 140 条第 5 项规定,用间接证据定案的条件之一即"运用证据进行的推理符合逻辑和经验"。前一条是从证据相关性角度的界定,后一条则是法官用间接证据定案时如何把握证明标准的要求之一。

[2] 史长青:《科学证据的风险及其规避》,载《华东政法大学学报》2015 年第 1 期。

自由”。[1] 自由心证并不是鼓励甚至包容裁判者任意裁判,法官裁判也不是“秘密操作的黑箱”。自由心证包括证据自由、证据自由评价与判决的责任伦理,其已经发展成内在逻辑自洽的制度体系。[2] 例如,理性与良心等道义性约束机制的法律化、证据裁判原则的确立、有效辩护制度的贯彻、裁判文书阐明裁判理由等。综上,自由心证的制度体系包括证据自由、证据自由评价与判决的责任伦理三项内容,自由心证以证据自由及证据自由评价为前提,以判决责任伦理约束内心确信,防止裁判恣意。

在专门性知识型意见证言的适用上,还要保持对司法裁量权的警惕。正因为法律审理的权力在专业法官手中,出于程序正当的价值以及裁判的可接受性,法官亦不得滥用裁量权。防止司法裁量权滥用的根本路径在于从规范层面“划定”裁量权的范围。[3] 就社会科学证据而言,自由心证的限制还体现在以下两个方面:

其一,如前所述,社会科学证据可靠性的判断是一个法律问题,而非社会科学问题。裁判者不是社会学家,也并不必需成为社会学家。在证据的审查判断上,法官更不能化身“社会科学家”,用统计数据、概率数据取代司法证明,亦不能跨越司法证明径行用

---

〔1〕 参见王亚新:《刑事诉讼中发现案件真相与抑制主观随意性的问题——关于自由心证原则历史和现状的比较法研究》,载《比较法研究》1993 年第 2 期;易延友:《对自由心证哲学基础的再思考》,载《比较法研究》1998 年第 2 期;王晨辰:《法国刑事证据自由原则及其限制》,载《证据科学》2016 年第 6 期;张卫平:《自由心证原则的再认识:制约与保障——以民事诉讼的事实认定为中心》,载《政法论丛》2017 年第 4 期等。

〔2〕 施鹏鹏:《刑事裁判中的自由心证——论中国刑事证明体系的变革》,《政法论坛》2018 年第 4 期。

〔3〕 例如,美国有论者通过对 People v. LeGrand 案的研究,发现审判法官在目击证人辨认相关的证据的适用上,存在裁量权滥用的可能。See Katherine I. Higginbotham, *Narrowing the Legrand Testin New York State: A Necessary Limit on Judicial Discretion*, 83 Brook. L. Rev. 1059 (2018), p. 1060.

其认定事实。“社会科学……虽然可以引导或者限制法官的裁量空间，但并不直接决定案件如何判决。要求法官‘像社会科学家那样思考’，模糊了法律人的思维方式与社会科学家的思维方式之间的差异。”[1]除此之外，更要警惕从“盲信”滑向“反智主义”的另一个极端。反智主义是科学至上主义的另一个极端，可能会过分贬低甚至否定科学知识、社会科学知识的证明价值，奉行充满怀疑主义的“科学不可靠”论调。

其二，社会科学证据的证明力高低本身是一个事实问题，并非需要专家解决的专门问题。换言之，提出社会科学证据的专家并不能涉足该证据本身证明力高低的评价，也不能影响法官对其证明力的评价。这个问题当前尚未受到我国理论界与实务界的广泛关注，问题可能在于我国刑事司法实践惯性地高估鉴定意见的证明力的现象由来已久。控方通常不会解释鉴定意见中的似然比在司法证明中意味着什么，而倾向于用“较高”的似然比直接推论出案件事实，推论过程被隐藏起来了，其可靠性鲜少受到检验与辩方的质疑。

五、警惕技术专业主义对事实认定的侵蚀

倡导“证明本位论”并不意味着推崇司法证明的“唯技术论”。当前，我国刑事司法证明的理论与实践奉行证明与程序的技术主义，更加趋近于技术化而非精致化。一是纯粹意义上的程序性证明，即关注司法证明的外围，将问题的焦点转移到外在的程序上，将司法证明与刑事程序割裂开来。换言之，没有把司法证明置于刑事程序中系统地考察。这种程序性证明观遵从以被告人程序权利的确立与保障为中心的话语体系，以对抗制庭审中繁杂的证据

---

〔1〕 王云清：《司法裁判中的社会科学：渊源、功能与定位》，载《法制与社会发展》2016年第6期。

规则为框架,但其因未触动我国刑事司法体系中传统的权力配置格局而具有较大的局限性,最终可能沦为空洞的学术理想。二是以科学证明为名的“认知论”与技术性证明,表现出对数据分析、算法技术的遵从。当前,证据法学领域正在经历一场所谓的“技术革命”——大数据与人工智能,以迎合司法实务部门实用功利主义的诉求。[1] 对此,我国有学者敏锐地指出,在“中体西用模式”下,刑事证明标准再改革逆向而动导致客观化复兴。[2] 第三种新形式正在逐渐成形,其发生在“专门性问题在诉讼中的解决”这一理论与实践的领域。也许技术式证明可以为控辩双方的证据性论辩提供技术方法,但是技术式证明不能侵入事实认定的领地:不能取代法官的认识论活动,亦不能自证事实认定的正当性。

长期以来,学术界对我国司法实践中“盲信鉴定意见”的现象多有诟病,为摆脱这种盲信,我国《刑事诉讼法》作出了相应修改(如鉴定人出庭、专家辅助人参与质证等),立法机关与决策机构也推行了一系列司法改革举措(如贯彻证据裁判原则、贯彻庭审实质化等)。然而,这些改革举措在司法实践中是否真正起到预期的作用,仍需要实证研究予以评判,但总体而言,情况不容乐观。出庭、质证等程序性举措是否能消除这种盲信,在学理上也是值得深入探讨的。值得警惕的是,社会科学证据的理论与实践领域,刑事司法实践中可能会形成对“统计学数据”的盲目推崇。

这种司法证明的技术主义在我国人民陪审员制度改革的推行过程中可能影响更甚。人民陪审员虽然被“推定”为是事实认定

---

〔1〕 除了将人工智能引入司法裁判之外,更多的是将算法逻辑用于证据分析与司法证明,比如赵培显:《毒品犯罪公诉证据审查智能辅助系统之构建》,载《中国检察官》2020 年第 9 期。该文指出,“证据审查智能辅助系统”可以辅助证据关联性、客观性审查,并得出结论性判断。

〔2〕 参见李训虎:《刑事证明标准“中体西用”立法模式审思》,载《政法论坛》2018 年第 3 期。

的“内行”，但普通判断力恰恰因为没有受过专业法律训练而更容易受到外部的因素的影响。比如，职业法官更容易从社会科学证据中包含的推论性数据或统计学数据中不当地推论出案件事实。为了防止不当推论影响事实认定的准确性，在合议庭评议时，有必要通过“陪审员指示”展示社会科学证据的审查认定的特殊性。2018 年《人民陪审员法》与 2019 年《关于适用〈中华人民共和国人民陪审员法〉若干问题的解释》相继出台，但仅模糊地规定了法官对人民陪审员的指示义务（2018 年《人民陪审员法》第 20 条），并未给司法实践提供可具操作性的指引。比如，法官是否需要对社会科学证据作出特别指示等问题亟待学术界深入研讨。

第八章　社会科学证据在司法证明中的具体运用

社会科学证据对于诉讼证明而言是必要的,不同形式的社会科学证据在个案中的证明作用如何发挥,是证明程序的操作性问题,但具体适用仍以妥当的证明理论与自洽的证明体系为必要。肯认并直面司法证明的盖然性、事实认定的似真性比盲目追求客观真实更符合诉讼认识论的一般规律。在似真性证明与多元证明方法体系的制度语境中,证明方法与证明标准均从"证据印证"的桎梏中释放出来,证明标准的规范性功能与司法证明经验推论的内在结构相契合。如此,方能促进司法证明机理与功能的发挥。我国刑事司法实践中长期存在的证明方法匮乏之证明困境,随着证明标准作为裁判错误分配机制这一规范性功能的回归(参见本书第三章),便可以得到缓解。本章选取两种具体情形,分析社会科学证据的具体应用:一个是性侵未成年人这一特殊的案件类型;另一个是事故调查报告这一社会科学证据类型。

以往司法实践中,社会科学证据在法庭上的最大以及最多争议在于:因不符合法定证据种类而被质疑证据资格与定案资格。比如,辩方通常会提出类似的辩护意见,但一般并不会因此而阻碍控方将其作为证据提交法庭,法庭在认定事实时多依据司法解释而不是《刑事诉讼法》。这一司法现状当然与我国传统印证证明模式下的"唯证据论"有关,但在本书所倡导的规范性教义学研究路径下,证据形式仅仅是外部因素,司法证明的核心要义在于在竞争性证据论辩程序中,如何从证据命题中推导并证成案件事实。

对于被司法解释承认证据资格与定案资格的社会科学证据形式（如事故调查报告），其证明作用如何通过程序得以发挥，亟待实证研究予以审视。比如，就事故调查报告而言，如何审查认定，司法解释并没有明确规定，甚至也没有像“检验报告”那样规定其可以参照鉴定意见审查认定的相关规定。事故调查报告较之其他社会科学证据有哪些特殊性，这些特殊性是否会导致审查认定规则的不同——诸如此类问题都亟待深入探讨。

囿于主题与篇幅，本章对所选取的两个具体问题并不详细展开，仅提出争点问题作概要分析，并从理论层面提出初步的解决路径。

一、性侵未成年人案件中的社会科学证据

近年来，性侵未成年人案件发生愈加频繁，被害人有低龄化的趋势。性侵未成年人案件频发，呈现“少实物证据、多言词证据”的证据分布特征，而受制于客观化证明的印证规则，实务部门遭遇证明困境。对于侦查机关和检察机关而言，性侵未成年人犯罪案件的侦办主要存在两个证明问题：一是犯罪嫌疑人、被告人口供、被害人陈述等言词证据出于多种原因可能多变；二是身体物证及其他实物证据存在瑕疵或者因未能及时保存而灭失。法院则面临更为复杂的事实认定难题：其一，如何审查判断被告人口供、被害人陈述等言词证据；其二，缺少直接证据时，如何用间接证据建构起完整的证据链。

为贯彻涉未成年人刑事政策以及未成年保护政策，刑事司法体系积极地作出响应。司法实务部门也逐渐意识到此类案件的特

殊性,并总结了实践经验。[1] 最高人民法院、最高人民检察院先后公布了多起典型案例,为地方各地司法机关提供办案指引。[2] 对此,实务部门逐渐形成以被害人陈述为中心的证明体系,[3] 摆脱对被追诉人口供的依赖,将证明体系建构的重心置于被害人陈述上,拓展证明方法外延,综合全案证据理性判断。该证明模式契合了性侵未成年人案件的典型特征,也给我国传统的印证证明规则体系提供了改革完善的实践路径,并助力于我国司法证明认识论基础从必然性到似真性的"范式转换"。

(一)"被害人陈述为中心"的实践模式

学术界对性侵未成年人案件的证明困境亦有关注,并提出了突破困境的理论路径。比如,有学者提出融合程序法与证据法协调变革的精密办案模式,该模式以"儿童利益优先,兼顾真实发现"为根本原则。[4] 在未成年人证言审查判断中,应当转变旧有

---

〔1〕 参见浙江省嘉兴市人民检察院课题组:《性侵未成年人案件办理实务问题研究》,载《中国检察官》2016 年第 22 期;王晓青等:《未成年人被害人"一站式"办案模式专家论证会综述》,载《青少年犯罪问题》2019 年第 3 期;郑蕾、施倩:《解析性侵未成年人犯罪案件证据审查——以浙江省杭州市 172 起案件为样本》,载《人民检察》2017 年第 8 期等。

〔2〕 比如,2018 年 11 月,最高人民检察院围绕未成年人权利保护主题发布了第 11 批指导性案例,对检察机关办理性侵未成年人等违法犯罪案件进行办案指导。2019 年 7 月,最高人民法院公布了 4 起性侵害儿童犯罪典型案例。2020 年 5 月,最高人民检察又发布了侵害未成年人案件强制报告典型案例。

〔3〕 参见最高人民检察院:《探索以儿童证言为中心的审查证据规则》,载 https://www.spp.gov.cn/spp/zdgz/201912/t20191220_450819.shtml;另见刘艳燕:《以被害人陈述为核心构建性侵未成年人案件的证据标准》,载《人民司法》2014 年第 14 期。

〔4〕 参见向燕:《论性侵儿童案件的精密办案模式》,载《中国刑事法杂志》2020 年第 2 期。作者指出,精密办案模式由 3 个必不可少的部分构成:"一是通过规范的询问程序获取高质量的儿童被害人陈述;二是通过及时细致地取证获取丰富的间接证据与辅助证据;三是对证据进行精细、科学的分析与综合运用。"

的印证证明模式为整体主义证明模式。[1]

我国法传统的“唯证据论”把司法证明局限于证据的收集与保全、证据的审查判断两个部分，证据被作为唯一的证明手段。[2]这种证明理论影响了我国制定法以及实践中的证明模式。证据互相印证即满足证明标准，便可予以定案，这已经成为司法实践中的常态。法官自由判断证明力、自由判断证明标准等被证据之间互相印证架空了。[3] 这个弊象在性侵未成年人案件中的消极影响更为严重。在以被害人陈述为主要证据的证据构造下，传统的印证证明规则可能“失灵”。[4] 首先，此类案件多为被告人口供/辩解与被害人陈述“一对一”证据，彼此存在利害关系地对向证据之间互相印证本身就是个伪命题，互相印证的效果也存在极不可靠的风险。其次，面对证据匮乏的现状，法院需要把碎片化的证据信息整合起来，运用经验法则认定时如缺少充分的指引与规制，则可能导致权力滥用甚至裁判恣意。

综上所述，如果不转变司法证明的思路，仍机械地维持当前我国现行印证证明规则体系，势必导致追诉犯罪的困难，甚至可能放

---

〔1〕 参见谢澍：《未成年人证言审查之整体主义进路》，载《青少年犯罪问题》2019年第3期。

〔2〕 参见封利强：《理据：一个不可或缺的证据法学概念》，载《浙江社会科学》2019年第8期。

〔3〕 参见周洪波：《中国刑事印证理论批判》，载《法学研究》2015年第6期；杨波：《我国刑事证明标准印证化之批判》，载《法学》2017年第8期；向燕：《“印证”与事实认定——以印证规则与程序机制的互动结构为视角》，载《政法论坛》2017年第6期；汪海燕：《印证：经验则、证据规则与证明模式》，载《当代法学》2018年第4期；吴洪淇：《印证的功能扩张与理论解析》，载《当代法学》2018年第3期；左卫民：《“印证”证明模式反思与重塑：基于中国刑事错案的反思》，载《中国法学》2016年第1期等。

〔4〕 参见向燕：《性侵未成年人案件证明疑难问题研究——兼论我国刑事证明模式从印证到多元“求真”的制度转型》，载《法学家》2019年第4期。

纵罪犯。[1] 即便学界提出解决路径,仍有可能因缺少制度空间而无法真正得到贯彻执行。为解决司法实践中此类案件证据较少、证明方法匮乏的现状,需要诉诸本书第三章所论的司法证明的诉讼认知论转型,以其为理论基础,方能突破传统印证证明理论的桎梏,拓展证明方法的外延。

(二)社会科学证据的证明机理

1. 对被害人进行尽可能客观、完整的“人格画像”

被害人是受到犯罪行为直接侵害的对象,也是除了被告人之外,对案件事实具有亲身感知的当事人。不过,与其他类型案件被害人不同的是,本章所论是未成年人,该年龄群体具有与成年人不同的生理状态与认知能力。是故,实践中探索的以被害人陈述为中心的证明体系要义在于被害人本身。实务部门尽管没有如此宣称,但通常做法是对被害人进行尽可能客观、完整的“人格画像”。该“人格画像”在被告人口供/辩解与被害人陈述审查判断方面、司法证明体系建构方面起着潜在的证明作用。

未成年被害人的“人格画像”主要包括如下几个方面:第一,被害人遭受侵害时的年龄,被害人作证时的年龄及记忆力与表达能力。第二,被害人与被告人的关系(如亲戚、同事、邻居、上下级、师友等)与熟悉程度(认识、熟知或陌生等)。第三,被害人成长与生活的环境,如是否单亲家庭、是否隔代养育等,以及其日常生活接受到的环境与群体,其受教育程度等。第四,被害人的品格,如对隐私的敏感性、是否更容易接近不熟悉的人等。

“人格画像”的制作需要借助有专业知识背景的专家,如儿童发展心理学、儿童心理学、被害人学、被害人心理学等方面的专家。与侦查人员不同,这些专家具有相对的中立性与专业性,是最为合

---

[1] 参见向燕:《论性侵未成年人案件的证据运用》,载《青少年犯罪问题》2020年第5期。

适的主体:既不存在与诉讼程序、案件结果相关的利益关系,也未因介入侦查而带有认知偏差甚至有罪推定的偏见,其所经受的专业训练又能使其剥离个人角色与被害人的共情。

需要指出的是,“人格画像”并不等于允许以品格证据定罪。对未成年被害人进行“人格画像”的目的并不是推定被告人有罪或无罪,而是为真实发现提供多元的证明方法,即利用情理推断帮助建构司法证明体系。

2. 社会科学证据用于辅助质证

涉未成年被害人案件中有诸多问题的解决需要诉诸专门知识,这是由性侵案件以及被害群体的双重特殊性所决定的。在性侵未成年人案件中,在给被害人进行人格画像时,被害人创伤后应激反应、心理状况评估、儿童发展心理学等社会科学知识对建构证明体系具有不可或缺的作用。最高人民检察院第九检察厅厅长曾指出:“针对侵害未成年人犯罪案件的特殊性,检察机关还推行专业化办案,注重综合运用法学、儿童心理学、教育学等知识,引入专业力量审查案件,确保案件质量,提升办案效果。”[1]

社会科学证据与自然科学证据(如除司法精神病鉴定之外的鉴定意见、检验报告等)的最大不同在于:社会科学证据所依据的社会科学知识通常是概率性的,很难进行验证。诚然,此类证据所呈现的信息可能是推论式的,或者呈现为统计数据,并不能将其径直等同于事实,但其对于司法证明乃至事实认定而言却又是必要的。这些证据有的本身可以起到证明待证事实的作用;有些则是起到对被告人口供、被害人陈述等主证据的补强作用。前者比如,对于未成年被害人的心理精神状况等犯罪影响,心理评估报告等

---

〔1〕 最高人民检察院:《2018 年以来全国检察机关共批捕侵害未成年人案件 8.06 万人》,载 https://www.spp.gov.cn/spp/zdgz/201912/t20191220_450806.shtml。

证据可以起到证明犯罪行为后果的作用。实践中,社会科学证据多起到证明力补强作用,如针对被害人表达力/理解力等作证资格与作证能力以及被害人可信性等。

社会科学证据较之鉴定意见的优点在于其并不是结论性的,而是可争辩的——这一点对于辩方的积极意义而言尤为重要。社会科学证据以"一种解读"的方式提供了某一方的专家意见,并给对方质疑或反驳提供了可能,程序对抗与证据论辩增强了司法证明的可视性和事实认定的透明性。

3. 社会科学证据的"证明禁止"

禁止用社会科学证据推定要件事实。与性犯罪行为人、性犯罪被害人、未成年被害人等相关的社会科学研究,通常建立在对样本案例的实证分析上,追溯导致犯罪行为的社会学、心理学等方面的成因,或者分析受到性侵害之后的心理、行为情状等。这些研究所蕴含的信息多是一种概率性表达,有的还包含推论性意见,有的则是兼具描述性与推论性。经验研究并不等同于个案事实,其所包含的信息与案件事实之间存在"鸿沟"。

如允许用社会科学证据推定要件事实,则可能有违控辩平等与程序原则。推定的内在机理是:"推定是一个融合了刑事实体与刑事程序的制度,需要推定的要素在实体法中进行规定,然后按照程序法的推定规则来进行证明,最后达到证明的目的。"[1]"推定"规避了刑事证明机制的作用力。在证明的场域之下,从推定的构造可知,检察机关被免除了证明推定事实成立的义务,其"在证明了基础事实存在的前提下,可以绕开司法证明,而直接推定那些难以证明的犯罪构成要件事实,使之直接得到法院的认定"。[2]

---

〔1〕 罗猛、邓超:《贿赂犯罪证明模式研究》,载《中国刑事法杂志》2016 年第 4 期。

〔2〕 陈瑞华:《论刑事法中的推定》,载《法学》2015 年第 5 期。

检察机关证明基础事实之后，“证明推定事实不成立的责任则转移给被告人”。[1] 在此，辩方如要推翻该推定事实，“就出现了一种证明责任转移”。[2] 然而，基于推定的作用，辩方实际上承担了反驳推定事实成立的责任，这对于辩方而言，无疑是“艰难的任务”。

值得警惕的是，被害人陈述及其情状在印证证明中可能被滥用。“用印证得事实”“印证即真”“无印证则不能定案”等司法证明潜规则指引裁判者对事实的确信，实际上用印证证明架空了证明标准，甚至取代了证明标准规范性功能的发挥。实践中的常见做法是，被害人陈述、人身检查情况、受到侵害之后的情状等“证据”之间被用来互相印证，并用来与被告人供述/辩解印证。用于支持印证证明的可能有常识判断与专家研究。通过印证与否可以判断某项案件事实的真实性，有学者将该意义上的印证证明视作经验法则的一种运用。[3] 然而，印证证明可能涉及经验法则的运用，但经验法则的运用并不能等同于个案事实的证明，二者不能互相等同。换言之，利用经验法则印证所得的事实仍然是一种可能性或者概率性判定，不能用其替代证明标准的自由判断。

二、事故调查报告的司法证明

事故调查报告是我国 2021 年《刑诉解释》在 2018 年《刑事诉讼法》之外新增加的一种“证据形式”，其“可以作为证据使用”，而涉及专门性问题的意见，经查证属实且调查程序符合法律、有关规定的，可作为定案的根据。前文曾论及，司法解释的增修具有积极意义，回应了司法实务部门对证明方法的需求，拓展了《刑事诉讼

---

〔1〕 参见陈瑞华：《刑事证据法学》，北京大学出版社 2014 年版，第 336 页。

〔2〕 陈瑞华：《论刑事法中的推定》，载《法学》2015 年第 5 期。

〔3〕 参见汪海燕：《印证：经验法则、证据规则与证明模式》，载《当代法学》2018 年第 4 期。

法》所规定的证据种类的外延。然而,“一码归一码”——根据《立法法》之规定以及一般法理,司法解释应当在法律的框内解释,并不能突破法律的规定。《刑事诉讼法》第 50 条规定,社会调查报告如可以用于证明案件事实,则是证据,但其并不属于该条所列举的证据种类。该条的封闭式列举并没有给容许其他形式的证据材料留下空间,但我国《刑事诉讼法》以及司法解释中仍然存在列举之外的其他证据形式,典型的如对未成年人的社会调查报告、检验报告等。因此,法理上,司法解释超越《刑事诉讼法》的效力范围之规定并不具有合法性。

然而,司法解释超越制定法的现象在我国普遍存在。最高人民法院、最高人民检察院(有时会会同司法部、公安部、国家安全机关、国家监察机关等联合)制定并发布司法解释的做法已经因为形式存在而具有了合理性与“合法性”。[1] 此为其一。其二,前文亦论及,我国《刑事诉讼法》对证据种类的列举是不合理的,也是不科学的,其造成证据形式被人为限缩,证明方法也因而受到严重的束缚。证据种类之改革势在必行,但在《刑事诉讼法》并没有修改的前提下,我们只能诉诸法教义学解释方法,通过对刑事诉讼规则的体系性建构来解决这一问题。是故,有必要回归司法证明的需要,考察证据材料如何内在地与案件事实建立关联,从而归属于案件事实并证成这种归属。

(一)事故调查报告的特殊性

司法证明语境中,事故调查报告对于特定案件中专门问题的解决具有重要的意义。在 2021 年《刑诉解释》将其纳入证据之前,司法实践中此类证据并不罕见。比如,在交通事故的行政调查程序中,交警部门出具的交通事故责任认定书,实际上就是一种典

---

[1] 参见汪海燕:《“立法式”司法解释:我国刑事诉讼法解释的困局》,载《政法论坛(中国政法大学学报)》2013 年第 6 期。

型的事故调查报告。在涉及交通事故的刑事案件中,其属于行政机关执法过程中获取的证据,《刑事诉讼法》也认可其作为证据的资格。此外,对于海难、火灾、空难、爆炸等特殊案件中,往往也会有专门的事故调查小组出具的事故调查报告。

2021 年《刑诉解释》起草小组指出,事故调查报告有如下特点:"(1)以行政机关或者事故调查组名义出具,其很多时候是集体讨论的结果。(2)内容多涉及单位就其职权范围,依照一定的程序对某一事实进行审查、认定。(3)技术性强,具有不可替代性。"[1]对此,仍有至少如下三个问题值得商榷:

其一,事故调查报告是一种典型的社会科学证据,其综合了不同知识背景的调查人员,[2]运用了不同领域的知识、技术、方法,经过讨论得出最后结果。报告结果更多地体现了行政主导下的民主集中制,其与合议庭或陪审团民主商谈下的主体间性有所区别。

其二,事故调查的事项可能是多方面的,不仅仅是与"事实"有关,可能还会涉及可能的责任归属、事故影响评估、对造成事故原因的分析等。事故调查报告的结果与证据性事实也可能是交错的、复杂的。在司法证明中,就需要区分这些事项是否与本案事实具有相关性以及是何相关性。2021 年《刑诉解释》对此也作了区别性规定,以确定事故调查报告中哪部分意见可以作为定案的根据。

其三,起草小组对事故调查报告是否具有不可替代性的断言,就值得商榷了。如起草小组所言,事故调查报告中涉及专门性问

---

〔1〕《刑事诉讼法解释》起草小组编著:《最高人民法院关于适用〈中华人民共和国刑事诉讼法〉的解释:理解与适用》,人民法院出版社 2021 年版,第 227 页。

〔2〕在司法实践中,调查成员的知识背景可能是多元的,有的具有特定行业领域的专门知识,也有行政人员等非专业技术人员。参见龙宗智:《立法原意何处寻:评 2021 年最高人民法院适用刑事诉讼法司法解释》,载《中国法学》2021 年第 4 期。

题的意见与鉴定意见类似,那么,事故调查报告在本质上就仍是具有可替代性的“意见证言”。毕竟司法实务中,对于同一鉴定事项,进行多次鉴定甚至得出不同鉴定意见的现象是十分常见的,由此可知,没有哪一份鉴定意见是“不可替代的”。事故调查报告“具有不可替代性”的论断(事故调查报告具有唯一性因而是结论性的)可能会造成误解甚至误导。实际上并非如此。事故调查报告所得出的“结论”在司法证明中只是一种证据命题或者证据性事实,而不是“案件事实”,其与其他所有形式的证据材料一样,都是可质疑、可争辩的。

肯认事故调查报告的不可替代性,就意味着出具事故调查报告的人与事实证人的地位类似,即对本案情况有“亲身感知”:事实证人对本案事实有亲身感知,而事故调查人员则亲身经历了案件调查。如此,事故调查报告人员就应当负担作证义务以及必要的出庭作证义务。进而,对于控方而言,就不能仅仅出具事故调查报告的书面文件,而应当用最接近证据的方式示证。这自然符合庭审实质化的要求与直接言词原则的内核,但显然司法实践中并非如此。

(二)事故调查报告的“证明难题”

事故调查报告在司法实践中如何适用,司法解释对此并没有详细规定。按照我国刑事司法实践的惯常做法,司法解释规定原则性条款之后,地方司法机关在实务中进行探讨,并总结经验,而后提炼上升为新的司法解释。这种由下而上的“立法”方式颇具中国特色,但其却与法律的逻辑相悖。通常,法律应当足够明确地作出规定,司法实务部门应在法律的框架内适用相关规定,而不是由司法实务部门在法律框架之外自行运用自由裁量权。

2021 年《刑诉解释》第 101 条很可能给事故调查报告在司法实践中的适用埋下“权力滥用”的隐患,这是值得警惕的。事故调查报告具有社会科学证据的显著特征，即其可能包含主观性较强的推测性判断。为防止“实践突破法律”等权力滥用，学术界有必要对此开展相应的理论研究，为司法实践提供指引。

事故调查报告的出示与质证可能是理论界与实务界面临的第一个难题。本书前几章从一般意义上探讨了社会科学证据的出示与解释、庭审质证等程序性问题。简言之：第一，控方对事故调查报告的举证、质证不能简化，径行出具书面报告的方式可能有违直接言词原则等庭审实质化的内在要求；第二，事故调查报告尽管有一定的技术性与客观性，但其并不是结论性的，在司法证明中宜被视作对“事故”的一种解释，事故调查报告本身所主张的命题（证据性事实）是可争辩的；第三，辩方提出专家辅助人的权利、专家辅助人提供质证意见或者单独提出意见的行为并不受不合理限制甚至被剥夺。

此外，事故调查报告的审查与认定也是理论界与实务界面临的难题。如前所述，对于鉴定意见和无鉴定机构的检验报告，2021年《刑诉解释》规定了审查重点、不得作为定案根据的情形、鉴定人/检验人出庭情况等问题。然而，对于事故调查报告，则仅有第101条的原则性规定，并没有规定审查认定规则。不难看出，事故调查报告有其特殊性，但其同样存在可靠性问题及其可能的证明力偏见，查证属实之后方可作为定案的根据。然而，吊诡之处可能在于：对事故调查报告的查证属实，势必需要法官通过庭审证据调查来查明事故的发生情况，而后者原本就属于法院职权范围，对其认定并不以依据事故调查报告为必要。反过来，如果法院履行证据调查义务查清事实，其并不是为了查证事故调查报告本身是否属实，而是对于本案事实相关的证据的查证，进而对案件事实的认定依据相关证据即可，并不以依据事故调查报告为必要。

由上可知，事故调查报告这一社会科学证据用于定案的关键在于如何“查证”以及如何判断是否“属实”。根据本书第三章所倡导的论证式司法证明理论，证据命题或者证据性事实借助经验判断建立起与案件事实的关联，这种关联是盖然性的。因此，对事故调查报告这一证据的查证属实就转化为在诉讼程序的语境中，通过竞争性证据论辩，形成对案件事实的确信并提供证成的过程。但需要特别强调的是，事故调查报告中包含的证据材料可能与其他独立性的证据材料产生重叠。报告的制作过程本身就需要借助“调查活动”，且以“调查所发现的证据信息”为依据。这意味着事故调查报告这一证据与其他物证、书证、视听资料、证人证言等各种实物证据、言词证据产生重叠。事故调查报告中涉及的对专门性问题的意见，“其性质实际与鉴定意见类似”。〔1〕因此，在对事故调查报告的查证过程中，就需要区分重复的证据材料，防止用不同形式证据中重复的证据材料互相印证。

就事故调查报告的“采信”而言，法官最后认定事实的关键在于如何形成并证成从证据性事实推导出案件事实的确信。此时，就需要把司法证明程序的外部视角切换到裁判者独立判断的内部视角，考察其如何认定并证成案件事实的裁判活动。首先，根据司法裁判的基础性原则，证据调查、事实认定是法院的法定职责，为防止给事实认定者造成误导或偏见，其并不能怠于行使该职权而径直适用事故调查报告。更不能因此而枉顾辩方提出的质证意见，应当尤其重视程序公正与控辩平等的严格贯彻，本书第七章对此已经作出了一般性的论证。其次，事故调查报告这一社会科学证据的司法证明问题，归根结底，是法官如何自由地评估该证据的证明力高低。这涉及法官证明力评价的心证自由及其必要的限度。正如本书一贯坚持并强调的，自由心证是受限制的自由，而不

〔1〕《刑事诉讼法解释》起草小组编著：《最高人民法院关于适用〈中华人民共和国刑事诉讼法〉的解释：理解与适用》，人民法院出版社 2021 年版，第 227 页。

是恣意的自由；自由心证也不仅仅是隐晦、不可言说的思维认知活动，而是通过诉讼程序中的证据论辩得以外显的证明活动，并最终体现在判决书的裁判理由之阐明中。

结　　论

随着技术发展与社会进步,诉讼证明手段得到相当的拓展;同时,随着人们交往活动更加频繁,诉讼证明也正遭遇更为复杂的个案场景。除了传统意义上的“硬”法证科学之外,社会科学证据也有助于描述并理解人类行为,从而对司法证明与事实认定起到辅助作用。社会科学证据的出现只是一个侧面,未来刑事证明体系可能要面临更多新形式的证据信息。面对“变动中的社会”,作为普适性的规范手段,法律体系应当突出其自适应性特征,积极地回应法律系统之外的变化。正如多伯特判例中法官所言,法庭对真相的探究和实验室对真相的探究存在重要的区别,科学结论永远处于变动和修正之中,而法律则必须终局并快速地解决摆在面前的争端。[1]

我国司法实践中鉴定登记事项之外的“各式鉴定意见”以及调查报告类证据频繁进入法庭,用于诉讼证明,并辅助法官认定事实。然而,在我国《刑事诉讼法》中,法定证据种类制度与司法鉴定管理制度成为包括社会科学证据在内的所谓“新型”证据种类作为“定案根据”的障碍。详言之:其一,社会科学证据又区别于一般意义上的证人证言,其借助的是超出常识判断的专门知识,专家对案件事实并没有且并不必须要有亲身感知。其二,解决专门性问题应当用“鉴定”,而社会科学领域的专门知识并不属于我国司法鉴定种类范围。是故,在《刑事诉讼法》的立法框架内,社会

[1] Daubert v. Merrell Dow Pharm., Inc., 509 U.S. 579, p.596 - 597.

科学型意见证言因不符合法定证据形式而不具有“定案的资格”。

最高人民法院颁布施行的司法解释为回应诉讼实践的证明需要，在《刑事诉讼法》所规定的证据种类之外拓展了报告类意见证据，之后又增加了“专门机关的事故调查报告”这类证据形式。同时，承认报告类意见证据与事故调查报告可以作为证据使用，经查证属实可以作为定案的根据。不可否认，该解释给广泛意义上采纳社会科学型意见证言提供了可能。但从法体系上整体考察，司法解释通过突破《刑事诉讼法》的方法，暂时性地、有针对性地解决了实务部门所遭遇的具体难题，仍未能对专门性问题的解决提供一条清晰的规范路径。

在“司法实践先行”甚至“司法解释突破立法”的现状下，学术研究则相对滞后，没有在现行法框架内解决实践做法的合法性危机，亦没有为实践困境提供妥适的解决路径。长期以来的对策式研究仅寄希望于立法修法，无法在制定法框架、证据法理论体系内部提供解决路径。立法修法、出台司法解释等应对之策亦不能一劳永逸地解决实践中不断遇到的新问题，有必要将其置于刑事证明的语境中进行体系性考察。

当前，《刑事诉讼法》、司法解释等不同效力层级的法律文件分别规定了鉴定意见、检验报告、社会调查报告、事故调查报告等不同形式的专家意见。这种分散模式割裂了专门知识用于司法证明的同质性，用比较机械的方式形式化地解决诉讼中的专门性问题。不仅如此，分散模式以证据形式为参照，枉顾证据命题与案件事实之间的推论性联系的内在属性与独有特征。专门性问题解决的分散模式无法预测性地解决未来可能遭遇的其他实践问题，不利于我国证据法理论的发展。对此，本书提出“多元证据形式的统一证据方法”的整合路径，即以证明指向为导向，将专门性问题的解决整合于统一的专家这一证据方法，并包容不同的证据形式。

上述整合模式并不是以法定证据种类为核心的，亦不受制于证据的形式束缚,而是以证明的需要为主要考量,把对证据的形式要件转化成操作层面的司法证明活动。进言之,载体或形式只是证据的外部特征,法定证据种类只是司法证明的外部要求,二者均不能使司法证明功能充分发挥,更不能完整地诠释司法证明的结构与机理。为此,本书突破以法定证据种类为出发点、以印证证明为分析框架的传统路径,为未来新形式的证据信息如何用于司法证明提供了一种理论分析框架。

在司法实践中,社会科学证据多表现为社会调查报告、统计学数据分析等形式,其在研究方法和研究结果上呈现一种"客观性"的外观,以至于让人们忽略甚至忘记了其所带有的推论性意见甚至预测性意见。应当认识到,自然科学与科学技术不同,社会科学的研究范式与知识表述通常并非源自实验室,无法通过实践检验,其可靠性的判断以及证明力的评估,均不能机械地诉诸技术式的检验方法,而应当将其置于司法证明的结构与运作之中,有机地考察。

社会科学证据在法庭上既是必要的,但又可能是危险的。其一,社会科学证据是解决诉讼中专门性问题的方法之一,其对于作为事实认定者的法官而言,是辅助性且必要的,但并不是决定性的。因此,在运用社会科学证据的时候,同样应当警惕防止陷入新的"专业盲从主义"。在科学与法律的碰撞中,司法应当始终掌握事实认定的"话语权"。其二,社会科学证据本质上仍属于意见证言,其所载诉讼主张中可能包含推测性甚至推论性信息,对于事实认定而言,最关键的问题就是如何防止并减少法官的不当推论而滥用权力——尤其是外行事实认定者。消除裁判者认识思维中的偏见在操作上是不可能的,可行的做法是通过程序机制来控制进入裁判者视野的证据信息,而不是用单一权力行使的方式垄断证明方法。法官对于社会科学证据的适用应当以控辩双方公正且充分的证据论辩为前提,基于自由心证形成对案件事实的确信,并在裁判文书中证成这种确信(阐明裁判理由)。

当前,社会科学证据仍未获得我国刑事诉讼法学界与证据法学界的广泛关注和深入研究,尽管已有研究关注到了司法实务部门对各类“新类型”证据的需求,但鲜少体系性地研究社会科学知识对专门性问题的证明问题。尽管当前在司法解释层面,某些类型的社会科学证据不存在准入资格的障碍,但仍有诸多关键问题亟待解决:社会科学证据在法庭上如何出示、控辩双方如何解释其与事实的相关性、庭审上如何对其开展法庭调查(包括询问相关专家)、法院如何审查认定此类证据等。针对“社会科学证据的司法证明”这一宏大且细致的主题,本书只能算作初步的探索,也仅提出了较为粗浅的理论分析框架,但仍希冀借此引发学术界的广泛关注和深入研讨,为推动我国立法体系之完善和司法实务之进步提供理论支撑,最终致力于我国刑事证明理论体系的建构。